# କ୍ଷମତାର ଖିଅ

# କ୍ଷମତାର ଖିଅ

## ଚନ୍ଦନ କୁମାର ଦାସ

ବ୍ଲାକ୍ ଈଗଲ୍ ବୁକ୍ସ
ଭୁବନେଶ୍ୱର, ଓଡ଼ିଶା

BLACK EAGLE BOOKS
Dublin, USA

କ୍ଷମତାର ଖିଅ / ଚନ୍ଦନ କୁମାର ଦାସ

ବ୍ଲାକ୍ ଇଗଲ୍ ବୁକ୍ସ : ଭୁବନେଶ୍ୱର, ଓଡ଼ିଶା • ଡବ୍‌ଲିନ୍, ଯୁକ୍ତରାଷ୍ଟ୍ର ଆମେରିକା

BLACK EAGLE BOOKS

USA address:
7464 Wisdom Lane
Dublin, OH 43016

India address:
E/312, Trident Galaxy, Kalinga Nagar,
Bhubaneswar-751003, Odisha, India

E-mail: info@blackeaglebooks.org
Website: www.blackeaglebooks.org

First International Edition Published by
BLACK EAGLE BOOKS, 2024

**KSHYAMATARA KHIA**
by **Chandan Kumar Das**

Cover & Interior Design: Ezy's Publication

ISBN- 978-1-64560-588-1 (Paperback)

Printed in the United States of America

## ଉତ୍ସର୍ଗ

ଭଣଜା ଆନନ୍ଦ, ଝିଆରୀ ପୂଜିତା,
ଝିଅ ଦିବ୍ୟଙ୍କା ପାଇଁ।

*"The paths of glory lead but to the grave."*

**- Thomas Gray**

# କୃତଜ୍ଞତା.....

ମୋ ପରିବାର, ଆତ୍ମୀୟସ୍ୱଜନ, ଶୁଭେଚ୍ଛୁ ଏବଂ ସମସ୍ତ ସଜ୍ଜନ ବ୍ୟକ୍ତିବିଶେଷଙ୍କୁ ଅଶେଷ ଧନ୍ୟବାଦ ଯାହାଙ୍କ ପ୍ରସଂଶା, ଭଲପାଇବା ଓ ସହଯୋଗ ବଳରେ ମୁଁ ମୋର ଭାବନାସବୁକୁ ପାଠକପାଠିକାଙ୍କ ପାଖରେ ପହଞ୍ଚାଇବାରେ ସଫଳ ହୋଇପାରିଛି ।

ପ୍ରକାଶକ ବ୍ଲାକ୍ ଈଗଲ ବୁକ୍ସ ପାଖରେ ବିଶେଷ ଭାବରେ କୃତଜ୍ଞ ।

# ମୁଖବନ୍ଧ

"କେବଳ କ୍ଷତି କରିବା ପାଇଁ କ୍ଷମତା ଦରକାର, ଆଉ ସବୁକିଛି ପ୍ରେମ ସାହାଯ୍ୟରେ କରିହେବ।" ଏ ଉକ୍ତିଟି ଶୁଣିଲେ ମନେହୁଏ କେହିଜଣେ ପ୍ରଖ୍ୟାତ୍ ଦାର୍ଶନିକ ଏକଥା କହିଥିବେ। କିନ୍ତୁ ନା, ଯିଏ ଏକଥା କହିଥିଲେ ତାଙ୍କର ଦର୍ଶନଶାସ୍ତ୍ର ସହ ଔପଚାରିକ ଭାବେ କିଛି ସମ୍ପର୍କ ନ'ଥିଲା। ଜୀବନ-ଶାସ୍ତ୍ର ସମ୍ବନ୍ଧରେ ଥିବ ନିଶ୍ଚୟ। ସେ ଥିଲେ ଏମିତି ଜଣେ ବ୍ୟକ୍ତିତ୍ୱ ଯିଏ ସାଧାରଣ ଜନଜୀବନରେ ହସ ବାଣ୍ଟୁଥିଲେ। ସେ ହେଉଛନ୍ତି ଅନ୍ତର୍ଜାତୀୟ ଖ୍ୟାତି ସମ୍ପନ୍ନ ହାସ୍ୟ କଳାକାର ଚାର୍ଲି ଚାପଲିନ୍।

ଜଣେ ହାସ୍ୟ କଳାକାରଙ୍କ ମନକୁ ଏ ପ୍ରକାର ଏକ ଗଭୀର ତତ୍ତ୍ୱ ଆସିଲା କୋଉଠୁ? ଟିକେ ସ୍ଥିର ଚିତ୍ତରେ ବସି ଭାବିଲେ ମିଳିଯାଏ, ଏ ପ୍ରଶ୍ନର ଉତ୍ତର। ଚାପଲିନ୍ ସେହି ସମୟର ଲୋକ ଯେଉଁ ସମୟରେ ଶିକ୍ଷିତ ଓ ସଚେତନ ବିଶ୍ୱରେ କ୍ଷମତାର ଔଦ୍ଧତ୍ୟ ବଳରେ ମାନବିକତାର ଧ୍ୱଂସ ରଚା ଯାଉଥିଲା। ବିଶ୍ୱ ଇତିହାସର ସେଇ ଅଭିଶପ୍ତ ଅଧ୍ୟାୟରେ ଧରିତ୍ରୀ ମା'କୁ ଭଲପାଉଥିବା, ମାନବବାଦରେ ବିଶ୍ୱାସ କରୁଥିବା ଯେତେଯେତେ ମଣିଷ, ସେ ସମସ୍ତଙ୍କ ମନରେ ଏହି ସମାନ ଭାବନା ଉଙ୍କିମାରିଥିବ। ମାତ୍ର ଦୁଇ ଦଶନ୍ଧିର ବ୍ୟବଧାନରେ ଦୁଇ ଦୁଇଟି ବିଶ୍ୱଯୁଦ୍ଧ କଥା ଭାବିଲେ ଶିକ୍ଷା ଓ ସଭ୍ୟତା ଉପରୁ ବିଶ୍ୱାସ ଉଠିଯାଏ। ସବୁଠାରୁ ଆଶ୍ଚର୍ଯ୍ୟକର କଥା ଏହା ଯେ ଏହି ନରସଂହାରର ମୂଖ୍ୟ ସୂତ୍ରଧାର ଥିଲେ ବିକଶିତ ଓ ସମ୍ଭ୍ରାନ୍ତ ଦେଶମାନ। ଏ ପୃଥିବୀରେ ଯେବେ ଯେଉଁଠି ଯାହାକିଛି

ଅପ୍ରୀତିକର ଘଟଣା ଘଟିଛି ତା' ପଛରେ କ୍ଷମତାର ପ୍ରତ୍ୟକ୍ଷ ଅବା ପରୋକ୍ଷରେ ହାତ ରହିଛି, ଇତିହାସ ଏହାର ମୂକସାକ୍ଷୀ। ଅପରପକ୍ଷରେ, ଏ ବିଶ୍ୱରେ ଅନେକ ଯୁଗଜନ୍ମା ପୁଣ୍ୟାତ୍ମା ଜନ୍ମ ନେଇଛନ୍ତି ଯେଉଁମାନେ କୌଣସି ପ୍ରକାର କ୍ଷମତାରେ ନଥାଇ ମାନବଜାତିର ଅସରନ୍ତି ହିତ ସାଧନ ତଥା ସମାଜରେ ବୈପ୍ଳବିକ ପରିବର୍ତ୍ତନ ଆଣିବାରେ ସଫଳ ହୋଇପାରିଛନ୍ତି, ମହାତ୍ମା ଗାନ୍ଧୀ ଏହାର ଜ୍ୱଳନ୍ତ ଉଦାହରଣ। ସାମ୍ପ୍ରତିକ ସମାଜରେ ଏହି ଉକ୍ତିଟିର ପ୍ରାସଙ୍ଗିକତା ଅନେକ ମାତ୍ରାରେ ବଢ଼ିଯାଇଛି। ଏବେ ଘରଠୁ ଆରମ୍ଭ କରି ସରକାର ପର୍ଯ୍ୟନ୍ତ ସବୁଠି କ୍ଷମତାର ଅପବ୍ୟବହାର।

'ମୁଁ ହିଁ ସର୍ବେସର୍ବା' ରୂପୀ ଏକ ମାନସିକ ରୋଗ ସେଇ ସମସ୍ତ ମଣିଷମାନଙ୍କୁ ଗ୍ରାସ କରିଛି ଯାହାଙ୍କ ପାଖରେ କ୍ଷମତା ରହିଛି କୌଣସି ନା କୌଣସି ରୂପରେ। ତେବେ ଏ କ୍ଷମତାର ଖିଅ ବାସ୍ତବରେ କୋଉଠି ଯାଇ ସରିଛି? ଯାହା ମୁଁ ଜୀବନର ସଂକ୍ଷିପ୍ତ ଅନୁଭୂତିରୁ ବୁଝିଛି ତାହା କ'ଣ ଆପଣମାନେ ମଧ୍ୟ ଉପଲବ୍ଧି କରିଛନ୍ତି? ମୋର ଦୃଢ଼ ବିଶ୍ୱାସ ଆପଣମାନଙ୍କ ମଧ୍ୟରୁ ଅନେକେ ଦେଖିପାରିଥିବେ ପୂର୍ଣ୍ଣଚ୍ଛେଦର ପୂର୍ଣ୍ଣାଙ୍ଗ ଅବସ୍ଥା।

ଏହି ସଙ୍କଳନରେ ସ୍ଥାନୀତ କବିତାସମୂହରେ ଭୁଲ୍-ତ୍ରୁଟି ଅବଧାରିତ। ପାଠକୀୟ ସଦିଚ୍ଛା ଏବଂ କ୍ଷମା କାମନା କରୁଛି।

ଧନ୍ୟବାଦ।

# ସୂଚିପତ୍ର

# ନିଆଁ

ଅଟକାଇ ଦିଅ ଏ ଯୁଦ୍ଧର ନିଆଁ
ନହେଲେ ମାଡ଼ିଯିବ ସେ କର୍କଟ ପରି
କୋଣ ଅନୁକୋଣ।
ନିଆଁର ଭୋକଟା ଯେ କେତେ ଭୟାନକ
ବାରବାର ଦେଇଛି ସେ ପ୍ରମାଣ।

ଥରେହେଲେ ତ' ଆଖି ବୁଲାଇ ଦେଖ
କେତେ ପୋଡ଼ିସାରିଲଣି ପୃଥିବୀ ମା'କୁ
କ୍ଷତାକ୍ତ କରିସାରିଲଣି ତା' ଦେହ
ତୁମ ଅହମିକାର ବୋମା ବାରୁଦରେ।
ସତରେ! ଭଲକରି ଦେଖ ଥରେ
କେତେ ଦାଗ କେତେ ଫୋଟକା
ତା' ଅଙ୍ଗରେ ଅଙ୍ଗରେ।

କି ଲାଭ (?)
ପ୍ରଖ୍ୟାତ୍ ଜ୍ଞାନପୀଠମାନ ଥାଇ ବିଶ୍ୱ ଯାକରେ
ଯଦି ଏତେବର୍ଷ ପରେ ବି

ବୁଝାଇ ପାରିଲେନାହିଁ ଆମକୁ
ନିଆଁନଗା ନିଆଁର ଭୟାବହତା
ତା' ବିଭତ୍ସ ଚେହେରାର ବିଭିଷିକା।
କ'ଣ ମାନେ ( ? )
ଏତେ ଶିକ୍ଷା ସଭ୍ୟତା
ବିଜ୍ଞାନର ଜ୍ଞାନ ଥାଇ
ଯଦି ଆମେ ସ୍ଥିର କରିସାରିଛୁ
ଉପହାର ଦେବାକୁ
ଆମ ପୁଅଝିଅମାନଙ୍କୁ
ବିଷାକ୍ତ ବାୟୁ
ଭୋକିଲା ମଶାଣି
ଧୂଆଁ ଧୂଆଁ ଭବିଷ୍ୟତ।

ପଢ଼ ଥରେ ଇତିହାସର ଚେହେରା
ଶୁଣିବାକୁ ଚେଷ୍ଟାକର ତା' ସ୍ୱର
ସେ କାନ୍ଦି କାନ୍ଦି ତଣ୍ଟି ଚିରିକରି କହୁଛି-
ନିଆଁ କେବେ ଦେଇପାରିନାହିଁ କିଛିର ନିଷ୍କର୍ଷ,
ସେ କେବଳ ଜାଳିପାରେ
ଧ୍ୱଂସ ରଚିପାରେ।

ହେ କ୍ଷମତାଖୋର ଯୁଦ୍ଧାଭିଳାଷୀ ବିଶ୍ୱ ନେତାଗଣ
ଏତେ ଯଦି ଇଚ୍ଛା ତୁମର ଖେଳିବାକୁ
ଗୋଳା ବାରୁଦ ସହ,
ଏତେ ଯଦି ଉତ୍ସାହ ରଚିବାକୁ
ରକ୍ତରେ ରଙ୍ଗୋଲି,
ତେବେ ପୁରାଇଦେଉନା ବମ୍
ତୁମ ଦମ୍ ଥିବା ଜାଗାରେ
ଫାଟି ଯାଉନା
ତୁମ କ୍ଷମତାକୁ କୋଳେଇ ଧରି।

ବାସ୍ତବିକ୍, ଏ କ୍ଷମତା ଏକ କାଳଜୟୀ କୁଣ୍ଡିଆ
ତା' କିଟିମିଟିଆ କିଟିକିଟିପଣ କେବେ ମରେନା,
ସମୟ ସମୟରେ ମୁଣ୍ଡ ଟେକେ
ନୂଆ କିଛି ଲୋକଙ୍କୁ ନେଇ।

ଭୁଲିଯାଅ ନାହିଁ:
ପୋଡ଼ା ଭୂଇଁରେ ଫସଲ ଫଳାଇବାର ସ୍ୱପ୍ନ
ଯେଉଁମାନେ ଦେଖିଥିଲେ, ଯେଉଁମାନେ
ନିଆଁରେ ଘିଅ ଢାଳିବାର କାମ କରିଥିଲେ,
ସେ ସମସ୍ତେ ଏବେ ନର୍କରେ।
ତମେ ମଧ୍ୟ ଯିବ ସେଇଠିକୁ
ସଅଳ ଅବା ବିଳମ୍ବରେ।

କିଏ କହିବ !
ମାନବିକତାର ତଣ୍ଟି କାଟୁଥିବା ଲୋକକୁ
ନର୍କ ବି ମିଳିନପାରେ।

ବୁଝିଯାଅ ଯାହା ବୁଝିକରି ଫେରିଛନ୍ତି ସେଇମାନେ
ଯେଉଁମାନେ ନିଆଁ ସହ ଲଢ଼ିଥିଲେ,
ନିଆଁକୁ ରୋକିବାର ପ୍ରୟାସ କଲାବେଳେ
ନିଆଁରେ ପଡ଼ି ପୋଡ଼ି ମରିଥିଲେ।

ପଡ଼ୋଶୀର ଅଧଃପତନ
ଆମ ଜୀବନର ଏକମାତ୍ର ସୁଖ
ବାକି ସବୁ ସୁଖ ନାମକୁ ମାତ୍ର,
ପଡ଼ୋଶୀ ଘରେ ନିଆଁ ଲାଗିଥିଲେ
ତା' ସୁଖ ସ୍ୱାଚ୍ଛନ୍ଦ୍ୟ ଜଳିପୋଡ଼ି ଛାରଖାର ହେଉଥିଲେ
ଉସାସ୍ ପଡ଼ିଯାଏ ଆମ ଛାତି ଭିତରେ।

ଆମେ ଭୁଲିଯାଉ ଯେ ଆମର ବାସସ୍ଥାନ
ଗୋଟିଏ ଚକ ଭିତରେ,
ବେଶୀ ସମୟ ଲାଗିନପାରେ ନିଆଁକୁ
ବାଡ଼ ଡେଇଁ ଆସିବା ପାଇଁ
ଆମ ବାରିପଟକୁ।

ନିଆଁ ନୁହେଁ କାହାର !
ସେ ଆଜି ଜାଳୁଛି ଜଣକର
କାଲି ଉଜାଡ଼ି ପାରେ ତୁମ ଘର।

ବନ୍ଦ କରିଦିଅ ଏ ନିଆଁର ଖେଳ
ବଞ୍ଚିଯିବ ତୁମେ,
ତୁମ ପିଲାମାନେ,
ଅଧାମରା ପୃଥିବୀ ବଞ୍ଚି ଉଠିବ ପୁନଶ୍ଚ
ଜୀବନର ମହକରେ
ନୂତନ ଆଶାର ଆଲୋକରେ।

# କ୍ଷମତା

କଲମ ସବୁବେଳେ ଶବ୍ଦର,
ଭାବନାର,
ସେ ହୋଇପାରିବନି କାଗଜର
କେବେ ଜାଣିପାରିବନି
କାଗଜର କଷ୍ଟ ।

ନେଉଥିବା ଲୋକ କି ଆକଳନ କରିପାରିବ (?)
କ'ଣ କ'ଣ ହରାଇବାକୁ ପଡ଼େ
କେତେ କ'ଣ ସହିବାକୁ ହୁଏ
ଦେବାକୁ ହେଲେ ।

କଲମର ଜୀବନ ବ୍ୟର୍ଥ ଯିବ
ତା'ର ସବୁକିଛି ଥାଇବି
ନଥିଲା ମରଣ ମରିବ
ଯଦି କାଗଜ ମାନକରି ବସିବ ।
ସେ କିନ୍ତୁ ସହିଚାଲେ
କଲମକୁ ବଞ୍ଚାଇ ରଖିବା ପାଇଁ
ବରଦାସ୍ତ କରିନିଏ ତା'ର ସ୍ୱେଚ୍ଛାଚାରିତା ।

କାଗଜର ରଙ୍ଗ ଧଳା
ସଫା,
କଲମର ସ୍ୟାହି କଳା,
ତଥାପି ସେ ପରସିଦିଏ
ତା' ପେଟ ପିଠି
ଅତ୍ୟନ୍ତ ଜରୁରୀ ଆଉଯେତେ ଅଙ୍ଗ
କଲମର ବ୍ୟବହାର ପାଇଁ।

କଲମ ଲେଖିଚାଲେ
ମନଇଛା
ଯେତେ ଇଚ୍ଛା,
ଦଖଲ କରିନିଏ
କାଗଜର ସବୁକିଛି,
ଏ ଦାସତ୍ୱ ତ' ପାରମ୍ପରିକ
ଆଇନଗତ।

ଅହିଂସା ଏକ ଅବାସ୍ତବ ସମ୍ଭାବନା
ମିଛ ପ୍ରବଞ୍ଚନା!
ଯିଏ କାଗଜକୁ ଗଢ଼ିଛି
ସେ ହିଁ କରିଛି କଲମର ପରିକଳ୍ପନା;
ଯିଏ ବାଘକୁ ଦେଇଛି ବଳ
ସଶକ୍ତ ପଞ୍ଜା
ମୁନିଆ ଧାରୁଆ ଦାନ୍ତ,
ସେ ହିଁ ହରଣ କରିଛି ହରିଣଠୁ ଶକ୍ତି
ତା' ତଣ୍ଟିକୁ କରିଛି କୋମଳ।

ଖାଦ୍ୟ ଶୃଙ୍ଖଳର ଶୃଙ୍ଖଳା! ଜ୍ଞାନ କାହାକୁ ଅଛପା ?

ପଶୁପକ୍ଷୀ ହେଉ
ଅବା ହୁଅନ୍ତୁ ମଣିଷ ସମାଜ
ଉଚ୍ଚ-ନୀଚ  ସବଳ-ଦୁର୍ବଳ
କ୍ଷମତାର ଖେଳ
ଆଦିଅନ୍ତ କାଳରୁ ଥିଲା
ରହିଥିବ ଚିରଦିନ !

# ପରିବର୍ତ୍ତନର ଚିତ୍ର

ଆଉ ସ୍ୱର୍ଗଦ୍ୱାରର ଆବଶ୍ୟକ ନାହିଁ
ଏଣିକି ଗାଁ ଗାଁ ରେ ମୁକ୍ତିଦ୍ୱାର !

ଗୁରୁ ଧୋଇଦେଉଛନ୍ତି ଶିଷ୍ୟର ପଦଯୁଗଳ
କେଜାଣି କେଉଁ ସ୍ୱାର୍ଥ ଅବା ଭୟରେ ( ? )
ଶିଷ୍ୟ ଗୁରୁଙ୍କଠୁ ଶ୍ରେଷ୍ଠ ହେବାର ଆନନ୍ଦ ନେଉଛି,
ଗଢ଼ିବାର କାମ ଯାହାର ସେ ହିଁ ଭାଙ୍ଗୁଛି
ସଂସ୍କାରର ବାଟ ଓଗାଳୁଛି ।

ଗାନ୍ଧୀ ହାଙ୍କି ହାଙ୍କି ଚାଲିଗଲେ
ଆଉ ବି କେତେ କେତେ ଗଲେଣି ତାଙ୍କ ପରେ
ହେଲେ ଯିଏ ଯେଉଁଠି ସେ ସେଇଠି
ଯାହା ଯେମିତି ଥିଲା ଚାଲିଛି ସେମିତି,
ସେମାନେ ପରା ଶିବଙ୍କ ବେକର କୁଣ୍ଡଳୀ
ଗରୁଡ଼ ଚାହିଁଲେ ବି କିଛି କରିପାରିବନି ତାଙ୍କର ।
ଗଣେଶଙ୍କର କଟା ମୁଣ୍ଡ ଆଉ ଯୋଡ଼ିବନି
ସରସ୍ୱତୀ ଯାହା କଣ୍ଠରେ ବିରାଜମାନ
ସେ କୁଆଡ଼େ ମୂକ ।

ରଜା ଭିଜୁଛନ୍ତି ଆଲୋକର ସ୍ୱର୍ଗୀୟ ସୁଖରେ
ପ୍ରଜାଙ୍କୁ ଅନ୍ଧାରରେ ରଖି,
ବ୍ୟବସ୍ଥା ବନ୍ଧା ପଡ଼ିଛି ବନ୍ଦୋବସ୍ତ ପାଖରେ,
ବିକାଶ ଚାଲିଛି...

ଗାନ୍ଧୀ ଗୋପବନ୍ଧୁଙ୍କ ମଝିରେ
ଶାସନ ମୁଖିଆଙ୍କ ଫଟୋଚିତ୍ର,
ପ୍ରଶାସନିକ ଅଧିକାରୀଙ୍କ ସ୍ୱାକ୍ଷର
ଶାଗ ବାଇଗଣ ପରି କିଣା ବିକା ଜିନିଷ ହାଟର;
ପଇସାବାଲା ଭୂତ ପଢ଼ାଉଛନ୍ତି ଶ୍ରେଣୀଗୃହରେ
ସଚ୍ଚୋଟ ହେବାର ଆଦର୍ଶ,
ଥିଲାବାଲାଙ୍କ ପୁଅଝିଅମାନେ
ସ୍ୱପ୍ନ ଦେଖିବାକୁ କହୁଛନ୍ତି
ଗରିବଗୁରୁବାଙ୍କ ଛୁଆମାନଙ୍କୁ।
ଏବେ ସବୁ ଆଦର୍ଶ ବିଦ୍ୟାପୀଠର ପାଠ୍ୟଖସଡ଼ା ଏକ!

ଭୋଗ ବଣ୍ଟାଯାଏ ଠାକୁରଙ୍କ ନାମରେ
ମୁଖିଆଙ୍କ ଅନୁଗାମୀ ମାନଙ୍କୁ
ଚାକିରିଆ-ଦୀନଦୁଃଖୀ କିଛିଙ୍କୁ
ସୁଲଭ ସୁବିଧା ସୁଯୋଗ ଶାହା,
ନିୟତିର ନିୟମ ବି ବଡ଼ ଅଜବ(!)
ବନ୍ୟା ବାତ୍ୟା ଆଦି ବିପର୍ଯ୍ୟୟ
ବାଛି ବାଛିକରି କ୍ଷତି କରେ
ଶାସକଦଳିଆଙ୍କର।

ପାଇବା ଲୋକ ଜାଣୁଛି
କେତେ କ'ଣ ପାଉଛି
କ'ଣ ପାଇଁ ପାଉଛି,

ଭୂମିହୀନ, ଗୃହହୀନ,
ମଲିମୁଣ୍ଡିଆ, ଦିନମଜୁରିଆ ବୁଝିସାରିଛି-
ଆପଣା ହାତ ହିଁ ଜଗନ୍ନାଥ।

ଆଜି ଗାନ୍ଧୀ ସବୁଠି ମଳିନ ଦିଶୁଛନ୍ତି
ତାଙ୍କ ହସହସ ଚେହେରା
କେବଳ ଟଙ୍କା ଉପରେ ଶୋଭା ପାଉଛି !
ସଫେଇ କାମ ଚାଲିଛି
ସଫା ବସ୍ତ୍ର ପରିଧାନ କରି !!

# ଅହମିକା

ସବୁକଥା ତୁମଠି ଆସି ଅଟକି ରହୁ
ତାହାହିଁ ତୁମର ଏକାନ୍ତ ଇଚ୍ଛା ।
ସବୁର ଶ୍ରେୟ ତୁମକୁ ଯାଉ
ବାହା ବାହା ତୁମକୁ ମିଳୁ
ତୁମ ଅଗୋଚରରେ କିଛି ନ'ହେଉ,
ଘଟଣାସବୁ ନ'ଘଟିପାରି
ସେମିତି ଲଟକି ଥାଉ
ଘଟକୁ ଥାଉ ।
ତୁମେ ଚାହିଁଲେ
ଘଟଣା ଘଟଣାର ରୂପ ନେବ
ତୁମ ସମ୍ମତି
ତୁମ ଅନୁମତି ବିନା
ସବୁ କଥା ମନ୍ଦ କଥା
ପ୍ରତ୍ୟେକ ଘଟଣା ଏକ ଅଘଟଣ ।

ତୁମେ ବଡ଼
ତୁମେ ବଳଶାଳୀ
ତୁମେ ପ୍ରଭାବଶାଳୀ,
ସକଳେ ଜାଣନ୍ତି ତୁମ ପ୍ରଭାବର ସ୍ୱଭାବ
ତୁମ ଅହମିକାର ଆକାର,
ଜାଣନ୍ତି- ତୁମେ କାହା କାହା ମୁହଁ ବନ୍ଦ କରିଛ ।

ତୁମେ ବିଜ୍ଞ, ଅଭିଜ୍ଞ, ସର୍ବଜ୍ଞ
ତୁମ ଜ୍ଞାନର ନାହିଁ ପଟ୍ଟାନ୍ତର
କେହି ହୋଇପାରିବନି ତୁମ ସମକକ୍ଷ।
ତୁମେ ଅତୁଳନୀୟ,
କାହାର ଏତେ ସାହାସ (?)
ସେ ତୁମ ସହ ଲଢ଼ିବ
ତୁମ ଉଦ୍ଦେଶ୍ୟକୁ ପ୍ରଶ୍ନ କରିବ।

"ଏତେଲୋକ ଯଦି ମରୁଛନ୍ତି
ତେବେ ଗାନ୍ଧୀ ଏଯାଏଁ ମରିନାହିଁ କାହିଁକି?"
ପ୍ରଶ୍ନ କରିଥିଲେ ଚର୍ଚ୍ଚିଲ
ସମୟର ସେଇ ଘଡ଼ିସନ୍ଧି ମୁହୂର୍ତ୍ତରେ,
ନଅଙ୍କ ଦୁର୍ଭିକ୍ଷ ଯୋଗୁଁ ଯେତେବେଳେ
ହଜାର ହଜାର ଜନଜୀବନ
ନାହିଁ ନ'ଥିବା କଷ୍ଟ ସହି ସହି
ଅନାହାରରେ ମରୁଥିଲେ
ପୋକମାଛି ପରି।
ଇତିହାସ ସାକ୍ଷୀ ଅଛି
ଆଜି ନା ଅଛନ୍ତି ଚର୍ଚ୍ଚିଲ
ନା ଗାନ୍ଧୀ ଅଛନ୍ତି।

ସମୟ କିଛି ଭୁଲେନା
ତା' ଛଅାଣ ଆଖି ସବୁ ନିରେଖି ଦେଖୁଥାଏ
ସମସ୍ତଙ୍କର ରୂପ-ରଙ୍ଗ, ଭାବ ଭଙ୍ଗୀ
ସମସ୍ତଙ୍କୁ ପରଖୁ ଥାଏ।
ବିପର୍ଯ୍ୟୟ ବେଳରେ
ଅବା ପରିବର୍ତ୍ତନର ସ୍ୱର ଉଠିବା କ୍ଷଣରେ
କିଏ କେଉଁ ପକ୍ଷରେ ଠିଆହୋଇଥିଲା
କିଏ କେଉଁ ପ୍ରଶ୍ନ ପଚାରିଥିଲା,

କିଏ ଥିଲା ଭୁଲ୍‌ରେ କିଏ ଠିକ୍‌ରେ
ସବୁ ଜାଣେ ସମୟ ।

ଝଡ଼ିପୋକ ନେଇଆସେ ଝଡ଼
ମନଭରି ଉଡ଼େ ଝଡ଼ ବତାସରେ
ଉଡ଼ି ଉଡ଼ି ସାରିଦିଏ ନିଜର ଆୟୁଷ
ମରି ତଳେ ପଡ଼ିଯାଏ ବତାସର ବିଘାତରେ ।
ପର ଲାଗିଗଲେ ପୋକ
ପକ୍ଷୀ ହୋଇଯାଏନା ।

ଅନେକେ ଗଲେଣି ତୁମ ପୂର୍ବରୁ
ତୁମେ ମଧ୍ୟ ଯିବ
ଆହୁରି ଯେତେ ଯିଏ ଆସିବେ
ସବୁ ଯିବେ,
ଅହଙ୍କାରର ଅଟ୍ଟାଳିକା ଭାଙ୍ଗିଯିବ ଆଖିପିଛୁଳାକେ
ଯେତେବେଳେ ମାଡ଼ ଅଦୃଶ୍ୟ ହାତରୁ ପଡ଼ିବ,
ବୁଝିଯିବ- ସମସ୍ତଙ୍କ ଉପରେ ଅଛନ୍ତି ଜଣେ ।

ଯିଏ କେହିବି ଭଲର ବାଟ ଓଗାଳିଛି
ସମୟ କ୍ଷମା ଦେଇନାହିଁ ତାକୁ ।
ବେଳ ଥାଉ ଥାଉ ସୁଧୁରି ଯାଅ
ଭଲ କଥାରେ ଭଲ ଘଟଣାରେ
ଭାଗିଦାରୀ ହୋଇ
ନିଜର ଦୃଷ୍ଟାନ୍ତ ନିଜେ ବନିଯାଅ ।

■

## ସଂଖ୍ୟାର ସଂସାର

ଗାର ଲମ୍ବା ହେବା ଜରୁରୀ।
ବଡ଼ ଓ ବଳିଷ୍ଠ ଗାରର
ସ୍ଵତନ୍ତ୍ର ପରିଚୟ ଥାଏ, ଏକଦମ୍ ହଟ୍‌କେ
ଯେମିତି ବ୍ୟକ୍ତିତ୍ଵ ଏଡ଼ଲଫ୍ ହିଟ୍‌ଲରର।
ବାଧ୍ୟ ହେବ ଇତିହାସକାର ଉତ୍ସର୍ଗ କରିବାକୁ
ବଡ଼ ଜାଗା ଇତିହାସ ଦେହରେ
ବଡ଼ ଗାରର ବଡ଼ିମା ବଖାଣିବା ପାଇଁ।

ପରିଚୟ ସେମିତି ହେବା ଉଚିତ୍
ଯେମିତି କଳାପଟା ପୃଷ୍ଠରେ ଧଳା ଗାର
ସ୍ପଷ୍ଟ ଦୃଶ୍ୟମାନ
ପୁରାପୁରି ସ୍ଵତନ୍ତ୍ର,
ଅନ୍ୟ ରଙ୍ଗର ଗାର
ଅସ୍ପଷ୍ଟ
ନଗନ୍ୟ।

କାମ ନାହିଁ ଗାନ୍ଧୀ ମାନଙ୍କର
ଏମାନେ ତ’ ଆସିଥାନ୍ତି ମାଡ଼ ଖାଇବାକୁ
ମରାହେବାକୁ !
କାହା ବୋପାର କ୍ଷମତା କାହିଁ
ସେ ହାତଦେବ ହିଟ୍‌ଲର୍ ଦେହରେ ?

ପରାଜିତ ହେବା
ପରାଜୟ ସ୍ୱୀକାର କରିବା
ନାହିଁ ଅହଂକାରୀ ହିଟ୍‌ଲର୍‌ର ଜାତକରେ,
ଏଣୁ ଆତ୍ମହତ୍ୟା ।
ଯେତିକି ନିଆରା ଜୀବନ
ସେତିକି ନିଆରା ମରଣ !

କି ଲାଭ ଶହେ ପୁଅ ଥାଇ
କୌରବଙ୍କ ଭଳି ( ? )
ବାପର ବାପପଣିଆ ସାର୍ଥକ ହୁଏ
ଗୋଟିଏ ଶ୍ରବଣ କୁମାରକୁ ଜନ୍ମଦେଇ ।

ସଂଖ୍ୟାଲଘୁ ସଂଖ୍ୟାଗରିଷ୍ଠତାର
ହିସାବ୍ କିତାବ୍ ବାହାରେ ରହିଥାଏ
ସଂଖ୍ୟାର ଅନ୍ୟ ଏକ ସଂସାର ।

ବାଉଁଶ ଯେତେ ବଡ଼
ତା' ଭିତରର ଖାଲିପଣ ତେତେ ବଡ଼ !

ଗାର ଲିଭିଯାଏ
ସାନ ହେଉ ଅବା ବଡ଼
ଯାହା ରହିଯାଏ ପରିଶେଷରେ
ତାହା ତ' ଏକ ବିନ୍ଦୁ ।

# ଭୋକ

ଠିକଣା ଜିନିଷ
ଠିକଣା ସମୟରେ
ଠିକଣା ଜାଗାରେ ଥିଲେ
ଜୀବନଚର୍ଯ୍ୟା ହୁଏ ସହଜ,
ଜିନିଷ ଜାଗା ବଦଳାଇଲେ
ମାପ ବେମାପ ହେଲେ
ସମୟ ଆଉ ତୁମର ହୋଇ ରହେନା ।

ବେକାବୁ କ୍ଷୁଧା କାଢ଼ିନେଇପାରେ
ରାଜାଙ୍କ ମୁଣ୍ଡରୁ ମୁକୁଟ
ତାରକା ବେକରୁ ମୁକୁତା ମାଳ,
ସାଧୁର ସାଧନା ବାଟ ହୁଡ଼ିପାରେ
ପ୍ରାଚୁର୍ଯ୍ୟ ଆସି ପ୍ରାଣ ଛାଡ଼ିପାରେ ଝୁପୁଡ଼ି ପଲା ଭିତରେ,
ଗଗନ-ଚୁମ୍ବି ଯଶ-କୃତି ଯେତେ ପାତାଳୀ ହୋଇପାରେ
ସପନ ରାଇଜରେ ବେଳ ଅବେଳରେ ବୁଡ଼ିପାରେ ।

ଭୋକ ଥାଏ ରକମ ରକମର
ଲୋକ ଥାନ୍ତି ନାନା କିସମର ।

ଭୋକ ଆଣିପାରେ ହସ
କଳାପିଠିଆ ଦିନମଜୁରିଆ ଆଖିରେ,

ଅସାଧ ଅଭିସ୍ବାମାନ ସତ ହୋଇପାରେ
ପହଞ୍ଚ ହୋଇପାରେ ଅପହଞ୍ଚ ଜିନିଷ।

ଏଇ ଭୋକ ପୁଣି ଛଡ଼ାଇ ନେଇପାରେ
ନିରୀହା ଓଠରୁ ହସ
ଜନ୍ମ ଜନ୍ମାନ୍ତର ପର୍ଯ୍ୟନ୍ତ !

ଭୋକ ଉର୍ଦ୍ଧ୍ୱଗାମୀ ହେଲେ
ମାନବ ହୁଏ ମହାମାନବ
ନିମ୍ନଗାମୀ ଭୋକ ନେଇଯାଏ ମଣିଷକୁ
ତଳକୁ ତଳକୁ
ରସାତଳକୁ।

■

# ଦିବ୍ୟାଙ୍ଗ

ମୁହଁ ଫିଟାଅନା ଫୁଲର
ନହେଲେ ଫିଟିଯିବ ସବୁ ଗୁମର
ପର୍ଦ୍ଦାଫାସ ହୋଇଯିବ
ସଭ୍ୟ ସମାଜର କେଳେଙ୍କାରୀ।

ଭଲକରି ଜାଣେ ଫୁଲ
କେଉଁ ଇଚ୍ଛାର ଚରିତାର୍ଥ ପାଇଁ ଆସନ୍ତି
ଭ୍ରମର, ପ୍ରଜାପତି ଓ ମଧୁମାଛି ଆଦି
କେଉଁ କୀଟମାନ କେତେ କାମୁଡ଼ି ଖାଇଥାନ୍ତି
ତା' ପାଖୁଡ଼ାସବୁକୁ,
କାହାର ହାତ ଭିଡ଼ିଆଣି ମୋଡ଼ିଦେଇଥାଏ ବେକ
କାହାଲାଗି ହୋଇଯାଏ ସେ ବାସି,
ସବୁ ଜାଣେ ଫୁଲ।

ଫୁଲ ବଣର ହେଉ ଅବା ବଗିଚାର
ରାସ୍ତା କଡ଼ର ଅବା ରାଜରାସ୍ତାର
ଆମୋଦ ଉଦ୍ୟାନର ଅବା ମନ୍ଦିର ପ୍ରାଙ୍ଗଣର
ଯନ୍ତ୍ରଣା ସବୁଠି ସମାନ!
ସବୁ ଫୁଲର ରୂପ, ରଙ୍ଗ ଓ ଗନ୍ଧ ଅଲଗା
ସବୁ ଦିବ୍ୟାଙ୍ଗ ମାନଙ୍କର ଅଭାବ ଅଲଗା ଅଲଗା!!

ଫୁଲ ଫଗୁଣର
ଫଗୁଣ ମହକର
ମହକ ପବନର
ପବନ ଜୀବନର
ଜୀବନ ସୌନ୍ଦର୍ଯ୍ୟର
ସୌନ୍ଦର୍ଯ୍ୟ ଆଖିର
ଆଖି ହୃଦୟର
ହୃଦୟ ନିଶ୍ୱାସର
ନିଶ୍ୱାସ ବିଶ୍ୱାସର
ବିଶ୍ୱାସ ପ୍ରେମର
ପ୍ରେମ ବନ୍ଧନର
ବନ୍ଧନ ସ୍ପର୍ଶର
ସ୍ପର୍ଶ- ମନ ମନ୍ଦିରରେ ପୂଜା ପାଉଥିବା
ଠାକୁରଙ୍କର ।

ପଚାରିଲେ କହିଦେବ ଫୁଲ
ସ୍ପର୍ଶ କେତେ ପ୍ରକାରର ।

■

# ଦୃଢ଼ୋକ୍ତି

ମୋତେ ମାରୁ ମାରୁ ମାରିଦେଲେ ବି
ମୁଁ ସେଇଆ କହିବି
ଯାହା କହିଆସିଛି ।

ମୋ ତଣ୍ଟିରେ ପାଦ ଚାପିରଖି ପଚାରିଲେ ବି କହିବି
ମୁଁ ଭୁଲ୍ ନୁହେଁ
ମୁଁ ଠିକ୍ ।

ସତକୁ ଶତଶତବାର କୁହାଇଲେ
କ'ଣ ସତର ରୂପ ବଦଳିଯିବ
ନା' ସତ ମିଛ ହୋଇଯିବ ?

ସତ କ'ଣ କେଉଁ ଷୋହଳ ବୟସୀ ଲଳନା ( ? )
ତୁମେ ଡରାଇବ ତାକୁ
ବଦନାମ୍ କରିଦେବ କହିବ,
ସେ'ତ ଶତାୟୁ ବୃଦ୍ଧା
ବହୁତ୍ ଦେଖିଛି ସେ
ଦେଖି ଦେଖି ପାଚି ଗଲାଣି
ଆଉ ଗୋଟେ ହେଲେ କଳା ବାଳ ନାହିଁ
ତା' ନୁଖୁରା ମୁଣ୍ଡରେ ।

ଶୁଣି ଶୁଣି ବଧିରା ହେଲାଣି କାନ
ସହି ସହି ତା' ଚମଡ଼ା ଏବେ ଗୋଧି ଚମଡ଼ା
ତା' ପାକୁଆ ପାଟିରେ ହସି ଉଡ଼ାଇ ଦିଏ
ତାକୁ କିଏ ମାରିଦେବାର ଧମକ୍ ଦେଲେ।

ତୁମେ ଗୋଟାଇଚାଲ
ଯେମିତି ବଞ୍ଚିବ ତୁମେ ଅସରନ୍ତି କାଳ
ଉପଭୋଗ କରୁଥିବ...
ତୁମେ ଗିଳିଚାଲ
ଗଳା ଯାଏଁ
ହଜମ ଶକ୍ତିର କଥା ବିଚାର ନ'କରି,
କିନ୍ତୁ କି ଫାଇଦା ( ? )
ଛତିଶ ମହଲାର ସୁଖ ତୁମର
ଦିନେ ଛ' ହାତ ଜାଗାରେ ପଡ଼ି ମରିଯିବ !

# କଥାବସ୍ତୁ

ସତର ରୂପ ପ୍ରତିରୂପ
ଆକାର ପ୍ରକାର
କେବଳ ସତକୁ ଜଣା,
ସତ ବଞ୍ଚେ ସ୍ୱଇଚ୍ଛାରେ,
ମରିବାକୁ ଚାହିଁବ ତ'
ନେଇଯିବ ଇଚ୍ଛାମୃତ୍ୟୁ।

ନ୍ୟାୟାଳୟ ଦେଖିପାରେ ସତ
ଦେଇପାରେ ନ୍ୟାୟ
ଏହାବି ଏକ ବିବାଦୀୟ ବିଶ୍ୱାସ!

ଯିଏ ଯେଉଁଥିରେ ଯିବାକୁ ଆସିଛି
ସେଇଥିରେ ଯିବ
ଯାହାପାଇଁ ବାଟ ଯେତିକି
ସେ ଚାଲିବ ସେତିକି।

ମହାମାରୀ ମାରି ପାରିଲାନି ତାକୁ
ଯାହାର ଟାଙ୍ଗିଆ ଚୋଟରେ ଯିବାର ଥିଲା,
କର୍କଟ ରୋଗକୁ ମାତ୍ ଦେଇଥିବା ଲୋକ
ଚକ ତଳେ ଆସି ମଲା;
ସପରିବାରେ ସେପାରିକୁ ଯାଆନ୍ତି ଦୁର୍ଘଟଣାରେ

ବର୍ତ୍ତିଯାଏ ଛୋଟିଆ ପିଲା,
ବଜ୍ର ସଦୃଶ ମଣିଷ ବଜ୍ରାଘାତରେ ମରେ
ଶବ ଆଣିବାକୁ ଯାଇଥିବା ବ୍ୟକ୍ତି
ଶବ ହୋଇ ଘରକୁ ଫେରେ।
କିଏ ପିଟା ହେବ କିଏ କଟା ହେବ
କିଏ ମୋଡ଼ା ହେବ କିଏ ସଢ଼ା ହେବ
କିଏ କହିପାରିବ( ? )ହତ୍ୟା ପାଲଟିଯିବ ଆତ୍ମହତ୍ୟା
ଆଉ ଆତ୍ମହତ୍ୟା ହତ୍ୟା।
ବିଧବା କାନ୍ଦେ ସିନ୍ଦୁରକୁ ହାରି
ସଧବା କାନ୍ଦେ ସିନ୍ଥିରେ ସିନ୍ଦୂର ମାରି !

କଥାର କଥାବସ୍ତୁ
କାହାଣୀ ସରିବା ସହ ମରିଯାଏ
ଘଟଣା ପଛର ସତ୍ୟାସତ୍ୟ
ଘଟଣା ଘଟିବା ଯାଏଁ ବଞ୍ଚିଥାଏ
ଘଟଣା ଘଟିବା ପରର ଦୃଶ୍ୟ ଅଲଗା !

ମାନିଲେ ଈଶ୍ୱର ନ'ମାନିଲେ ପଥର।
ଆଲୋକକୁ କେବଳ ଅନୁଭବ କରିହୁଏ
ତାକୁ ଛୁଇଁବା ତା' ଆକାର ସ୍ଥିର କରିବା
ଏକ ଅସାଧ୍ୟ ଉପଲବ୍ଧି।
ସତ, ମିଛ,
ଠିକ୍, ଭୁଲ୍,
ସବୁ ଅନୁଭବର କଥା।

■

# ପୂର୍ଣ୍ଣଚ୍ଛେଦ

ମଧ୍ୟାନ୍ତର ଅଡ଼ିବସିଛି ଭାଗ ନେବାକୁ
ପ୍ରାରମ୍ଭରୁ,
ଆରମ୍ଭ ଜାଣେ- ସବୁର ଶୁଭାରମ୍ଭ ସେ କରିଛି,
ଶେଷ କିନ୍ତୁ ସୁନିଶ୍ଚିତ
ସବୁକିଛିର ଶେଷ ତା'ଠି।

ସବୁ ନିର୍ଦ୍ଧାରିତ !
ଆରମ୍ଭ ଆଗରେ ରହିବା
ମଧ୍ୟାନ୍ତର ମଝିରେ ଆସିବା
ଶେଷର ଅନୁଭବ ସର୍ବଶେଷରେ ହେବା
ସବୁ ନିର୍ଦ୍ଧାରିତ !

ମଞ୍ଜିରୁ ଗଛ ନା ଗଛରୁ ମଞ୍ଜି
ଏ ବିତର୍କର ସମାଧାନ ମୂଳକ ଶେଷୋକ୍ତି ନାହିଁ
ସୃଷ୍ଟିକର୍ତ୍ତା ହିଁ କହିପାରିବେ
କିଏ ଆଗ କିଏ ପଛ।

କମା, ସେମିକୋଲନ, କୋଲନ,
ପ୍ରଶ୍ନ ସୂଚକ, ବିସ୍ମୟ ସୂଚକ,
ଆଉ ଯେତେଯେତେ ସୂଚକ
ସବୁ ନିଜ ବଳରେ ବଳିୟାନ,

ପୂର୍ଣ୍ଣଚ୍ଛେଦର ସାମର୍ଥ୍ୟ କେତେ
ଏମାନଙ୍କୁ ଭଲଭାବରେ ଜଣା।

ସବୁ ଅହମିକାର ଅନ୍ତ ମଶାଣିରେ!
କଳା ତ' କଳାରେ ବିଲୀନ
ଦୁଧ-ଅଳତା ଦେହ ବି
ଆଞ୍ଜୁଳାଏ କଳା ପାଉଁଶରେ ସିମୀତ ହୁଏ।

ଧନ, ଯୌବନ
ମାନ,
ପ୍ରେମ, ପ୍ରାଚୁର୍ଯ୍ୟ
ବଳ, ଖେଳ,
ସବୁ ଛଳ!
ମଶାଣିରେ ସବୁ ଏକାକାର।

ଆରମ୍ଭର ବି ଶେଷ ହେବ
ମଧ୍ୟାନ୍ତରର ମାନ ମରିଯିବ
ଶେଷର ଶେଷ ତ' ସ୍ୱୟଂ ମୃତ୍ୟୁ।

■

# କଂସେଇର ବାର୍ତ୍ତା

ପେଶାଦାର୍ କଂସେଇ ଶିଖାଉଛି
ତା' ବାଳୁତ ପୁଅକୁ
ମାରିବା ଓ ମାରି ଖାଇବାର କଳା କୌଶଳ,
ଶିଖୁଛି ପୁଅ
ଜୀବନ ନେବାର ବିବିଧ ପଦ୍ଧତି
ଜୀବିକା ନିର୍ବାହର ସହଜ ଉପାୟ।

କାହାର ମୁଣ୍ଡରେ ମାଡ଼
କାହାର ମଞ୍ଜା ହାଡ଼ରେ ମାଡ଼
କାହାର ବେକ ମୋଡ଼ାଯାଏ
କାହାର ତଣ୍ଟି କଟାଯାଏ
କାହାକୁ କାବଜାତ୍ କରି ବାନ୍ଧି
ତଣ୍ଟି ଅଧା କାଟି ଛାଡ଼ିଦିଆଯାଏ
ସବୁ ନିର୍ଭର କରେ ମାରିବା ଲୋକ ଉପରେ।

ଜୀବ ଯନ୍ତ୍ରଣାରେ ଯେତେ ଛଟପଟ
ମାଂସର ମାନ ସେତେ ଉତ୍କୃଷ୍ଟ।

ଆଜିକାଲି କଟା ଗଣ୍ଡି ଝୁଲୁଛି
ବିଦ୍ୟାଳୟ ପାଖରେ
ଡାକ୍ତରଖାନା ଆଖପାଖରେ

ମଠ ମନ୍ଦିରର ଅଳ୍ପ ଦୂରରେ,
ମଣିଷର ସ୍ୱାର୍ଥ ସାମର୍ଥ୍ୟ ବଦଳିଛି
ବଦଳିଛି ସ୍ୱାଦ (!)
କଟାମୁଣ୍ଡ ଦେହର ଆଖି ମଣିଷକୁ ଦେଖୁଛି।

ଡିଜିଟାଲ ଯୁଗର ଯୁବକ କଂସେଇ
ମାରଣ ପ୍ରକ୍ରିୟାର ଚଳଚ୍ଚିତ୍ର ବନାଇ
କଂସେଇଗିରିର ପାରଦର୍ଶିତା ପ୍ରଦର୍ଶନ କରୁଛି,
ମଣିଷ ବେକ ମଣିଷ କାଟୁଥିବାର ଫଟୋଚିତ୍ର
ଘରେ ଘରେ ପହଞ୍ଚୁଛି,
ଏଥିରେ ବିଚଳିତ ହେବାର କିଛି ନାହିଁ (!)
ମାରିବା ଓ ମରାହେବାର ପ୍ରକ୍ରିୟା
ଆଦିଅନ୍ତ କାଳରୁ ଚାଲିଆସିଛି।

ରକ୍ତର ରଙ୍ଗ ସମାନ!

# ବିକଳ୍ପ ପନ୍ଥା

ଏବର ଜୀବନ ସେବେକାର ଜୀବନ ଭିତରେ
ଆକାଶ ପାତାଳର ଫରକ,
ବଦଳିଛି ମଣିଷର ରୁଚି
ଜୀବନର ପ୍ରାଥମିକତା
ସିଆଣିଆ ମଣିଷ ଧାଇଁଛି ମରୀଚିକା ପଛରେ,
ଏବେ ମରିବାକୁ ବି ବେଳ ନାହିଁ କାହାଠି।

ଧନ୍ୟ ଆମେ ଅତ୍ୟାଧୁନିକ ମଣିଷ
ଆମଠି ସବୁ ସମସ୍ୟାର ସମାଧାନ ଅଛି
ସବୁ ଜିନିଷର ବିକଳ୍ପ।

ନିଃସଙ୍ଗତା ଖାଇଯାଉଥିଲା ବାପାଙ୍କୁ
ମା' ମଶାଣିକୁ ଯିବା ପରେ
ଦେଖି ପାରିଲିନି ତାଙ୍କ କଷ୍ଟ
ଭର୍ତ୍ତି କରିଦେଲି ତାଙ୍କୁ ଜରାଶ୍ରମରେ।

ବଳି ଚଢ଼ାଇବାକୁ ପଡ଼େ
ଛୋଟ ଛୋଟ ଖୁସିମାନ -
ଉପଦେଶ ଦେଉଥିଲେ ବାପା
ମୋତେ ସାକ୍ଷାତ୍ କରିବାକୁ ଆସି
ପ୍ରଖ୍ୟାତ୍ ଆବାସିକ ବିଦ୍ୟାଳୟର ଛାତ୍ରାବାସରେ

ସେତେବେଳେ ମୁଁ ଅଧ୍ୟୟନରତ ଦ୍ୱିତୀୟ ଶ୍ରେଣୀରେ।

ତୁ ପିଲାଲୋକ
ବୁଝି ପାରିବୁନି ସମୟ କେତେ ମୂଲ୍ୟବାନ,
ଘର ସଂସାର ଜୀବନ ଜଞ୍ଜାଳ
ସବୁକିଛି ସୁରୁଖୁରୁରେ ସମ୍ଭାଳିବା
ନୁହେଁ ସହଜ କାମ–
ବାପା କହୁଥିଲେ।

ବ୍ୟସ୍ତବହୁଳ ଜୀବନରୁ ଫୁରସତ୍ ନଥିଲା ବାପାଙ୍କୁ
ପୁଅ ହେବାପାଇଁ
ନିଜ ବୃଦ୍ଧ ପିତାମାତାଙ୍କର,
କାଢ଼ିପାରିଲେନି ସମୟ
ବାପା ହେବାପାଇଁ
ତାଙ୍କ ଏକମାତ୍ର ସନ୍ତାନର।

ବାପା ଶୂନରୁ ଆରମ୍ଭ କରି
ଶହେ ଯାଏଁ ଆସିଥିଲେ
ଏବେ ପାଳି ମୋର...
ବିକାଶର ଯାତ୍ରା ଆଗକୁ ବଢ଼ାଇବାର।

# ଭାଇ ଭାଇ

ନିଜ ମାଆ ଗର୍ଭରୁ ଜନ୍ମିତ ଭାଇ
ଚାଖଣ୍ଡେ ଜାଗା ଅଧିକ ନ'ପାଉ
ସେଥିପାଇଁ ଆମେ ଲଢ଼ିଯାଉ
କୋଟ୍ କଚେରୀ ଚାଲିଯାଉ,
ହାତେ ବିକିବାକୁ ପ୍ରସ୍ତୁତ ଥାଉ
ଚାଖଣ୍ଡେ ଜାଗା ବଞ୍ଚାଇବା ପାଇଁ,
କିଛିବି ହେଉ ଯେମିତିବି ହେଉ
ଭାଇ ଅଧିକ ନ'ପାଉ ।

ଭାଇ ବଳ କଷୁଥାଏ ଭାଇ ବିପକ୍ଷରେ
ନିଜ କ୍ଷମତାର ପ୍ରଦର୍ଶନ କରେ,
ସୁଖ ଦୁଃଖ ଧୂଳିବାଲିର ଖେଳ ପିଲାବେଳର
ସହଜେ ଭୁଲିଯାଏ,
ଭାଇକୁ ହରେଇ ଭାଇକୁ ମରେଇ
ନିଜ ସୁଖ ଦେଖୁଥାଏ ଭାଇ,
ବାହା ବାହା ନିଏ
ରକ୍ତକୁ ମାଂସଠୁ ଅଲଗାକରି ।

ଭାଇ ଭାଇର କଳହରୁ ସୃଷ୍ଟି ହୋଇଥିଲା
ମହାଭାରତ କିଏ ନଜାଣେ (?)
କେତେ ଲୁହ ଲହୁର ଛୁଟିଥିଲା ନଦୀ

ଭାରତ ପାକ୍ ବିଭାଜନ ଉତ୍ତାରେ,
ବିଭୀଷଣ ଚାହିଁଲା ବୋଲି
ରାବଣ ବଧ ହେଲା,
କେତେ ସୁଖ ଥିଲା ବନବାସରେ
ଭରତ ଓ ଲକ୍ଷ୍ମଣ ପରି
ଭାଇ ଥିଲେ ବୋଲି !

କେଜାଣି କେତେ ଲୁହ ବୁହାଇଥିବେ ଭାରତ ମାତା
ଆମକୁ ନିଜ ନିଜ ଭିତରେ ଲଢୁଥିବାର ଦେଖି,
ପୁଅଗୁଡ଼ା କାପୁରୁଷ ଜାଣି ତ'
ବାନ୍ଧି ନେଇଥିଲେ ବାହ୍ୟଶତ୍ରୁ ମା' ଭାରତୀଙ୍କୁ,
ନିଜ ମାତୃତ୍ୱକୁ ଧିକ୍କାରିଥିବେ ନିଶ୍ଚୟ ସେ
ଖୁବ୍ ଅନୁତାପ କରିଥିବେ !
ମୀର ଜାଫର୍ ଓ ଜୟଚନ୍ଦ୍ର ଭଳି କୁଳାଙ୍ଗାରଙ୍କୁ ଜନ୍ମଦେଇ !

କେବେ କ'ଣ ବନ୍ଦ ହେବନାହିଁ ଏ ଖେଳ, ଏ ଲଢ଼େଇ ?
ଭାଙ୍ଗିଦେଇ ପାରିବାନି କି
ଆମ ମଧ୍ୟରେ ଥିବା
ଯେତେସବୁ ପ୍ରାଚୀର( ?)
ଆମେ ପରା ଏକ, ଗୋଟେ ମା'ର ସନ୍ତାନ
ଖୁସି ହୋଇପାରିବାନିକି ( ?)
ଭାଇର ସୁଖ ଦେଖି
ହସ ଦେଖି ଭାଇର ଓଠରେ
ହସି ଦେଇପାରିବାନିକି ?

ଚାଲ ଆମେ ଲଢ଼ିଯିବା
ବାହ୍ୟ ଶତ୍ରୁ ସହ
ଦମନ କରିବା
ନିଜ ମନ ଭିତରର ଶତ୍ରୁକୁ,

ଧିକ୍ ଏ ଜୀବନ
ଯଦି ଆମେ ନିଜ ଭିତରେ ବାଣ୍ଟୁଥିବା,
ଚାଲ ଅତୀତର ଭୁଲ୍‌ରୁ ଶିଖିବା
ଚାଲ, ତ୍ରିରଙ୍ଗାର ଟେକ ରଖିଯିବା ।

■

# କ୍ଷମା

ଭସ୍ ଭସ୍ କରି ବହିଆସିଥିବ ରକ୍ତ
ସତ୍ୟ, ଶାନ୍ତି ଓ ସଦ୍ଭାବନାର
ସେଇ ଦରଦୀ ମଣିଷର ଗୁଳିବିଦ୍ଧ ଛାତିରୁ,
ଭିଜିଯାଇଥିବ ଦେହ, ଭୂଇଁ
ପଳ ପଳ କଞ୍ଚା ରକ୍ତରେ
ସେ ଟଳିପଡ଼ିଲା ପରେ
ମାଟି ମା' ଛାତି ଉପରେ।

"ହେ ରାମ୍" ବାହାରି ଆସିଥିଲା
ସେଇ କ୍ଷତାକ୍ତ ରକ୍ତାକ୍ତ ଛାତିରୁ
ଦେହରୁ ପ୍ରାଣ ଛାଡ଼ିଯିବା ଆଗରୁ।
ସଚ୍ଚା ସନାତନୀ
ବାସ୍ତବ ବୈଷ୍ଣବର ବାର୍ତ୍ତା
ମରିବା ମୁହୂର୍ତ୍ତରେ ବି
ଏକଦମ୍ ସଫା ଥିଲା
ସିଧା ଥିଲା।

ଆମେ ମାରିଦେଲୁ ତାଙ୍କୁ
ଯେ ଆମ ପାଇଁ ବଞ୍ଚୁଥିଲେ
ଜୀବନର ସବୁକିଛି ଜଳାଞ୍ଜଳି ଦେଇଥିଲେ
ଆମ ସୁଖ ସ୍ୱାଧୀନତା ପାଇଁ,

ଯାହାଙ୍କ ପ୍ରତିଟି ସ୍ପନ୍ଦନରେ ଥିଲା
ଦେଶ ଓ ଜାତିର ଚିନ୍ତା
ଆମେ ଗାଧୋଇ ଦେଲୁ ତାଙ୍କୁ
ତାଙ୍କରି ରକ୍ତରେ ।

ସେ ସହିଥିଲେ ଆମପାଇଁ
ହସିହସି
ଅକଥନୀୟ କଷଣ
ବ୍ରିଟିଶ୍ ବାବୁ ମାନଙ୍କର,
କାରାବରଣ କରିଥିଲେ ବହୁବାର
ମାଟି ମା' ପାଇଁ;
ଯାହାଙ୍କ ଅହିଂସା ନୀତି
ଅକାମୀ କରିଦେଇଥିଲା ବ୍ରିଟିଶ୍‌ର ବନ୍ଧୁକ,
ଏକ ଯୁଗର ଦାସତ୍ୱରେ ପୂର୍ଣ୍ଣଚ୍ଛେଦ ପଡ଼ିଥିଲା
ଏହି ମହାମାନବଙ୍କ ସତ୍ୟାଗ୍ରହ ବଳରେ ।
ଅନେକ ଇଂରାଜୀ ବାବୁ ଆସିଲେ, ଗଲେ
କେହି ଭାଙ୍ଗି ପାରିଲେନି ତାଙ୍କୁ
ମାରି ପାରିଲେନି ଗାନ୍ଧୀଙ୍କୁ,
କେମିତି ସଫଳ ହୋଇଥାନ୍ତେ ଯେ ସେମାନେ ( ? )
ଆମେ ପରା ପ୍ରତୀକ୍ଷା କରିଥିଲୁ
ମାରିବାକୁ ତାଙ୍କୁ ।

ଯେଉଁ ବାପ ତା' ପୁଅର ପ୍ରଶ୍ନରେ ମରିବ
ତା'ର ଶତ୍ରୁ କ'ଣ କରିପାରିବ ?

ଥରେ ଭାବିବସିଲେ ସେଇ ଦୃଶ୍ୟ
ତୁମ ଯିବା ବେଳର

ରକ୍ତ ଶୁଖିଯାଏ ଦେହ ଯାକର,
ସତରେ କେତେ କଷ୍ଟର ମରଣ
ମରିଥିବ ନା ତୁମେ !

ହେ ପ୍ରିୟ ବାପୁ
ଚୀର ନମସ୍ୟ ବାପୁ
କ୍ଷମା କରିଦିଅ ଆମକୁ
ଫେରିଆସ ଆମ ଗହଣକୁ।
ହେ ରାମ୍ ! ଫେରାଇ ଆଣ ତାଙ୍କୁ
ତୁମ ସୃଷ୍ଟିର ଶ୍ରେଷ୍ଠ ପୁରୁଷଙ୍କୁ।

# ନୂଆ ଆରମ୍ଭ

ପ୍ରତ୍ୟେକ ନୂଆ ଆରମ୍ଭ
ନେଇଆସେ ନୂଆ ଆହ୍ୱାନ
ସବୁ ପରିସ୍ଥିତି
ଅନ୍ୟ ସବୁଠାରୁ ଭିନ୍ନ।

ବର୍ତ୍ତମାନ କେବଳ ବର୍ତ୍ତମାନରେ ମତଲବ୍‌ ରଖେ।
ଅତୀତର ସଫଳ ଯାତ୍ରା
ଆଗକୁ ଆଗକୁ ବଢ଼ିପାରେ
କିମ୍ବା ମୁହଁମାଡ଼ି ପଡ଼ିପାରେ,
ବହୁବାର ଜିତିଥିବା ବାଜି ବି
ହାରିବାକୁ ପଡ଼ିପାରେ,
ଅଭିଜ୍ଞତାର ଅହମିକାରେ ଅନ୍ଧ ହୋଇ
ଏବର ଆବଶ୍ୟକତାକୁ ଅବଜ୍ଞା କଲେ
ବହୁମୂଲ୍ୟ ଦେବାକୁ ପଡ଼ିପାରେ।

ପରୀକ୍ଷାର ପ୍ରାଥମିକତା ନିର୍ଦ୍ଧାରିତ ହୁଏ
ପରିପ୍ରେକ୍ଷୀ ଅନୁସାରେ!

ଯାହା ସବୁବେଳେ ହୋଇଆସିଛି
ତାହା ହିଁ ହେବ
ମୁଁ ଜିତିଆସିଛି ତେଣୁ

ମୁଁ ହିଁ ଜିତିବି
ଏ ଭ୍ରମ ବି ଭାଙ୍ଗିଯିବ,
ଶେଷ ନିଶ୍ୱାସ ଥିବା ଯାଏଁ
ପରୀକ୍ଷାରୁ ଯେ କ୍ଷାନ୍ତ ନାହିଁ
ଏକଥା ମାନିବାକୁ ପଡ଼ିବ।

ପରିବର୍ତ୍ତନଶୀଳ ଜୀବନର
ପ୍ରତି ପାହାଚରେ ନୂତନ ପରୀକ୍ଷା
ପ୍ରତି ମୁହୂର୍ତ୍ତ ନେଇଆସେ
ତାଜା ତାଜା ସଙ୍ଘର୍ଷ,
ଉତ୍ତମ ସର୍ବୋତ୍ତମ ହେବା ସମ୍ଭବ
ସର୍ବୋତ୍ତମର ସବୁ ଉତ୍କର୍ଷ ବି
ଫିକା ପଡ଼ିଯିବା ନୁହେଁ ଅସମ୍ଭବ।

କିଛି ଯାଏ ଆସେ ନାହିଁ
କାହାର ଚାହିଁବା ନ'ଚାହିଁବାରେ
ମୂଲ୍ୟାୟନର ମାୟାଜାଲରେ ଛନ୍ଦା
ଜୀବନର ପ୍ରତିଟି କଡ଼ି,
ତୁମେ ଜାଣ ତୁମେ କ'ଣ
ତଥାପି ଦେବାକୁ ହୁଏ
ନିଜ ଯୋଗ୍ୟତାର ପ୍ରମାଣ,
ବାରମ୍ବାର
ବହୁବାର।

# ଶୁଭାରମ୍ଭ

ଥରେ ଆରମ୍ଭ କରିବାର ସତ୍ସାହସ କରିପାରିଲେ
ଆଗକୁ ରାସ୍ତା ନିଜେ ବୁଝିନେବ ନିଜ କଥା ।

ପହଁରା ଶିଖିବାର ଥିଲେ
ପାଣିକୁ ଓହ୍ଲାଇବାକୁ ପଡ଼େ
ବାଜି ଜିତିବାର ଥିଲେ
ପ୍ରଥମେ ପ୍ରତିଯୋଗୀତା କରିବାକୁ ପଡ଼େ ।

ଜାଣିବାର ଜିଜ୍ଞାସା ଥିଲେ
ସଫଳ ହେବାର ସ୍ୱପ୍ନ ଦେଖୁଥିଲେ
ରଚିବାକୁ ହୁଏ ପ୍ରୀତି
ସମାଲୋଚନା ସାଥିରେ ।

ଆଉକାହା ଯାତ୍ରାର
ଫଳାଫଳକୁ ଆଧାର କରି
ନିଜ ଯାତ୍ରାର ଅନୁଭୂତି
ପୂର୍ବାନୁମାନ କରିବା
ଅବା ପରିଣତି ସ୍ଥିର କରିବା
ଏକ ସୁଚିନ୍ତିତ ମୂର୍ଖାମି ।

ଯୁଦ୍ଧ ଛାଡ଼ି ପଳାଇଯିବାଠୁ

ବହୁଗୁଣରେ ଭଲ
ଲଢ଼ି ଲଢ଼ି ହାରିଯିବା
ମରିଯିବା ଯୁଦ୍ଧଭୂମୀରେ ।

ଆରମ୍ଭ ହୋଇପାରେ ସମାନ
ସମସ୍ତଙ୍କ ପାଇଁ
ପରନ୍ତୁ ଶେଷ ନୁହଁ,
ଶେଷର ନିଷ୍ପତ୍ତି ନିଏ ସେ
ଯିଏ ଆରମ୍ଭ ଓ ଶେଷ ମଝିରେ ଥାଏ ।

ଅର୍ଜୁନ ହୋଇଗଲେ ଅସାଧାରଣ
ମହାଭାରତର ମହାସମର ପରେ,
କୃଷ୍ଣ ଆଣିଦେଇଥିଲେ ତାଙ୍କୁ
ମହାନ ହେବାର ସୁଯୋଗ,
ଅସ୍ତ୍ର ଉଠାଇବାକୁ ଚାହୁଁନଥିବା ବ୍ୟକ୍ତି
ଲଢ଼ିଗଲେ ମହାଭାରତ ।

■

# ଜଳର ବଳ

ଯେବେ ସହଜ ମିଳୁଥିଲା ସଫଳତା
ମୁଫତରେ ମୁକ୍ତି
ତୁ' ଗୋଡ଼ ଲମ୍ବେଇଦେଲୁ
ଅଳସ ଭାଙ୍ଗିଲୁ
ଯୋଗ୍ୟତାର ଅହମିକାରେ ।

ତୁ' ଦକ୍ଷ
ତୁ' ଉପଯୁକ୍ତ
ବିଜୟୀ ହେବା
ତୋ' ବାଁ' ହାତର ଖେଳ ।

ବଣ କାଟି ସଫା କରୁଥିବା ମଣିଷ
ଭାବି ପାରିନଥିଲା
ବେତ ବଇଁଚ ଇତ୍ୟାଦି ବଣକୋଳି
ଦିନେ ବିରଳ ହେବ
ହାଟ ବଜାରରେ ବିକ୍ରି ହେବ;
ଯାହା ସାଧାରଣରେ ଉପଲବ୍ଧ
ତାହା ଅସାଧାରଣ ହୋଇ
ଛୁଆଙ୍କ ପଢ଼ା ବହିରେ ଛବି ହୋଇଯିବ ।

ଯାହା ଥିଲା ହାତପାହାନ୍ତାରେ
ଏବେ ପ୍ରତିଯୋଗିତା ଘେରରେ।
ଘୁଞ୍ଚି ଘୁଞ୍ଚି ଯାଏ ପଦ୍ମ
ଜଳାଶୟର ସେପାରି ଘାଟ ଆଡ଼େ
ଅସମର୍ଥ ପହଁରାଳି ବୁଝିପାରେ-
କ୍ଷମତାର ବି ବୟସ ଥାଏ।

ଆତ୍ମବିଶ୍ୱାସରେ ଉଡୁଥିଲେ
ଉଚ୍ଛୁଳା ନଈ ବି
ଗାଁ ପାଖର ଖାଇ ପରି ଲାଗେ
ଜଳର ବଳ କେତେ
ପାଣିକୁ ଓହ୍ଲାଇଲେ ଜଣାପଡ଼େ।

ଜୀବନର ପଶାପାଲିରେ
କେତେବେଳେ ବି ବାଜି ପାଲଟି ପାରେ
ଅସମ୍ଭବ ପରିବର୍ତ୍ତନ ସମ୍ଭବ ହୋଇପାରେ
ଆଖିପିଛୁଳାକେ;
ସବୁ ପ୍ରଶ୍ନର ଉତ୍ତର ମିଳିପାରେ
ପୁଣି ଉତ୍ତର ଗର୍ଭରେ
ଶୋଇଥାଇପାରେ ପ୍ରଶ୍ନ !

■

# ଅଯୋଗ୍ୟ

ଦେଖୁ ଦେଖୁ ସବୁକିଛି ସରିଗଲା
ସୁଯୋଗ୍ୟ ଅଯୋଗ୍ୟରେ ଗଣାହେଲା ।

ସକାଳର ସତେଜ ସମ୍ଭାବନାମାନ
ବଞ୍ଚିରହିଥିଲେ ମଧ୍ୟାହ୍ନର ଆଗମନ ଯାଏଁ,
ମଧ୍ୟାହ୍ନ ଆସିଲା
ଚାହୁଁ ଚାହୁଁ ଚାଲିଗଲା,
ଅପରାହ୍ନ ଚାହିଁଲାନି ମରିବାକୁ
ପଶ୍ଚାତାପରେ ଶ୍ୱାସରୁଦ୍ଧ ହୋଇ,
ସେ ସଜବାଜ ହେଲା ପରୀକ୍ଷା ପାଇଁ
ଯୋଗ୍ୟ ବିବେଚିତ ହେବା ପାଇଁ ।

କଠିନ ଅଧ୍ୟବସାୟ ହିଁ ସଫଳତାର ଚାବିକାଠି ।
ସେ ପ୍ରସ୍ତୁତ କଲା ନିଜକୁ
ଲଢ଼ିଯିବା ପାଇଁ,
ଆତ୍ମବିଶ୍ୱାସରେ ଅଣ୍ଟା ଭିଡ଼ିଲା
ଲମ୍ବା ଦୌଡ଼ ଦୌଡ଼ିବାକୁ ।

ମନ ଅସ୍ଥିର
ପଥ ବନ୍ଧୁର
ସମୟ ସ୍ୱଳ୍ପ,
ପଛକୁ ବୁଲି ଦେଖେତ'
ପରିବ୍ୟାପ୍ତ ବିଫଳତା,
ଗଭୀର ନିଦ୍ରାରୁ ଜଗାଇଲା ନିଜକୁ
ଚାଲିଲା ସଫଳତାର ସନ୍ଧାନରେ
ବିଫଳତାକୁ ସମ୍ବଳ କରି।

ସମୟ ହସିଲା
ପରିହାସ କଲା
ଅପରାହ୍ନର ଏ ନିଷ୍ପତ୍ତିକୁ।

ସଫଳତା ସହଳ ଆସୁ ଅବା ବିଳମ୍ବରେ
ସେ ସବୁବେଳେ ସ୍ୱାଗତ।
ବିଳମ୍ବରେ ବିଫଳତା ଯେ
ହୋଇପାରେ ଆତ୍ମଘାତୀ
ସେକଥା ଭୁଲିଯାଇଥିଲା ଅପରାହ୍ନ
ପାଇବା ଓ ପରିଚିତ ହେବା ନିଶାରେ।

ସମୟ ଛଡ଼ାଇ ନେଇଥିଲା ତା'ଠୁ
ତା' ସକାଳ
ତା' ମଧ୍ୟାହ୍ନ
ଛଳ କପଟରେ,
ଯାହା ବାକିଥିଲା
ଅପରାହ୍ନ ନିଜେ ଦେଇଦେଲା
ଅକ୍ଳାନ୍ତ ସାଧନା ସତ୍ତ୍ୱେ
ସଫଳ ହୋଇ ନ'ପାରି।

ଅପରାହ୍ଣର ସୂର୍ଯ୍ୟ ଅସ୍ତମିତ ହେବା ଆଗରୁ
ଏକ ଚିରନ୍ତନ ସତ୍ୟର ଉପଲବ୍ଧି କଲା-
ସବୁ ଅସଫଳ ମଣିଷ ଅଯୋଗ୍ୟ ନୁହଁନ୍ତି
ଯୋଗ୍ୟତା ନଥାଇ ବି କିଛି ସଫଳତା ପାଆନ୍ତି
କିଛି ନିଜ ଦୁର୍ବଳତାରୁ ହାରନ୍ତି
ଅନେକେ ମରନ୍ତି ପରିସ୍ଥିତିର ପ୍ରହାରରେ ।

■

# ଅଜାଗା ଘା'

ତୁମେ ଅଧାଯାଏଁ ଆସି
ହାତ ଛାଡ଼ିଦିଅ
ଜଣାଇଦେବାକୁ
ଉପେକ୍ଷିତ ଜୀବନର ଲାଞ୍ଛନା ।

ଛଟପଟ ହୁଏ ମୁଁ
ଅକଥନୀୟ ଯନ୍ତ୍ରଣାରେ
ଗୁହାରୀ କରେ ତାଙ୍କୁ,
ସେ କିନ୍ତୁ ଶୁଣନ୍ତିନି ।

ଥରେ ଶୁଣିଦେଲେ ସେ
ଲିଭିଯାଆନ୍ତା  ଲକ୍ଷ୍ମଣରେଖା
ଲାଘବ ହୁଅନ୍ତା କଷ୍ଟ,
ଏଣୁ ସେ ଶୁଣନ୍ତିନି ।

ଦରଜ କମିଗଲେ ତାଙ୍କର ଅବା କି କାମ !

ତୁମେ ମୋର
ହେଲେ ତାଙ୍କର ହୋଇ କାର୍ଯ୍ୟ କର,
ମଝି ନଈରେ ନାଆ ଅଟକାଇ
ପରୀକ୍ଷା ନିଅ ମୋ ଧୈର୍ଯ୍ୟର

ସହନଶୀଳତାର;
ମୁଁ ଚେଷ୍ଟାକରେ ଆଗକୁ ବଢ଼ିବାକୁ
ଯେନ ତେନ ପ୍ରକାରେଣ କୂଳରେ ଲାଗିବାକୁ,
ଶେଷରେ ହାରିଯାଏ–
ସ୍ୱୀକାର କରିନିଏ ତାଙ୍କୁ
ନିଜ ଅପାରଗତାକୁ।

# ଅସମ୍ପୂର୍ଣ୍ଣ ପୂର୍ଣ୍ଣତା

ଶିକାରୀ ଜନ୍ତୁ ଜାଣେ
ଜୀବନ ଥାଏ ଶିକାରର ତଣ୍ଟିରେ
ଏଣୁ, ସେ ଚାଲ୍ ଚଳାଏ
ଲମ୍ଫ ପ୍ରଦାନ କରେ ଧରିବାକୁ
ତା' ତଣ୍ଟି।

ଘଡ଼ିଏ ସଙ୍ଘର୍ଷ
କ୍ଷଣିକ କଷ୍ଟ
ତା'ପରେ ସିଧା ମରଣ,
ସୁଖର ମରଣ।

ତୁମେ କିନ୍ତୁ ମାରନା
ମରିବାକୁ ବାଧ୍ୟ କର।
ବେହିସାବ ମାରିଥିଲ କୁରୁକ୍ଷେତ୍ରରେ
ହେଲେ ରକ୍ତର ଛିଟା ଲାଗିନଥିଲା
ତୁମ କରକମଳରେ।

ତୁମେ ଯାହାକୁ ଯାହା ଦେବାକୁ ଚାହିଁଛ
ଦେଇଛ
ଯାହାଠୁ ଯାହା ନେବାକୁ ଚାହିଁଛ
ଛଡ଼ାଇ ନେଇଛ,

କେତେକେତେ ପରାକ୍ରମୀ ବୀର ଥିଲେ
ମହାଭାରତ ଯୁଦ୍ଧରେ
ତୁମେ କିନ୍ତୁ ଚାହିଁଲ
ଅର୍ଜୁନ ହୁଅନ୍ତୁ ସର୍ବଶ୍ରେଷ୍ଠ,
ଆଉ ସମସ୍ତଙ୍କୁ ଠେଲିଦେଲ
ତାଙ୍କ ଅସହାୟତା ଭିତରକୁ।

ତୁମେ ଚାହିଁଲେ:
ତରବାରୀ ଧରି ଜାଣିନଥିବା ଲୋକ
ବୀର ଯୋଦ୍ଧାର ଆଖ୍ୟା ପାଇଯାଆନ୍ତି
ପୁଣି କେତେକେତେ ଯୋଗ୍ୟ
ତୁମ ଚକ୍ରବ୍ୟୁହରେ ଫସି
ଅଯୋଗ୍ୟ ହୋଇଯାଆନ୍ତି !!

ତୁମେ ଭଲକରି ଜାଣ-
କର୍ଣ୍ଣ କିଏ
କେତେ କରିତକର୍ମା ଭୀଷ୍ମ
କେତେ ଭୟାନକ ଭୀମ
କି ସାମର୍ଥ୍ୟ ବେଲାଳସେନର;
ଅଭିମନ୍ୟୁର ଶକ୍ତି
ତୁମେ ଜାଣିଥିବ ନିଶ୍ଚୟ
ଜାଣିପାରିଥିବେ ତାଙ୍କୁ ଘେରିଯାଇଥିବା
ଶତ୍ରୁମାନେ।

ସଫଳତା ପାଇକରି
ବିଫଳ ହୋଇ ବଞ୍ଚିବା
ପୂର୍ଣ୍ଣତା ହାସଲ କରି ମଧ୍ୟ
ଅସମ୍ପୂର୍ଣ୍ଣ ମରିଯିବା,
ସବୁ ତୁମରି ରଚନା।

# ଥକାମନ

ଆଉ ମଜା ଆସୁନାହିଁ
ବିଫଳ ହେବାରେ...
ଭଲ ଲାଗୁନାହିଁ ଫେରିବାକୁ
ଖାଲି ହାତରେ।

ଏଇଥର ଦେଇଦେବ ବୋଲି ଭାବି
ଦୌଡ଼ି ଆସିଛି ତୁମ ପାଖକୁ
ଅନେକ ଥର, ପ୍ରତ୍ୟେକ ଥର।

ତୁମେ ଜାଣ
ମୁଁ ପାଇବାର ହକଦାର୍
ତଥାପି ମନା କରିଦିଅ
ମୋ' ମୁହଁ ଉପରେ,
ଫେରିଯିବାକୁ କହିଦିଅ ସବୁଥର।
ତୁମର ଏକା ଜିଦ୍-
ମୁଁ ବିଫଳ ହୋଇ ରହିଯାଏ
ମରିଯାଏ ଭୋକରେ।

ମୁଁ ଓ ମୋ' ଦାଢ଼ିର କେରାଏ ବାଳ
ଅବ୍ୟବହିତ ସମୟ ଆଗରୁ
ଅପ୍ରତ୍ୟାଶିତ ବାର୍ଦ୍ଧକ୍ୟରେ ଭାରାକ୍ରାନ୍ତ,

ଜଳଜଳ କରି ଦିଶିଯାଉଛି ପରାହତ ପ୍ରଚେଷ୍ଟାର ଦେହ,
ଫୁଟିପଡୁଛି ସଫେଦ ଏକଲାପଣ।

ଆଉ ଇଛା ନାହିଁ ପାଇବାରେ
ପ୍ରତିଯୋଗୀ ହେବାରେ
ଥକା ଥକା ପାଦ ଏବେ
ଥକାମନର ଅଧିନରେ।

ବହୁତ୍ ସହିଲା ଏ ଛାତି
ବରଦାସ୍ତ କରିନେଲା ତୁମ ବେଜ୍ଜିତି( ! )
ଆଉ ନୁହେଁ
କେବେବି ନୁହେଁ,
ଆଉ ଆସିବି ନାହିଁ ତୁମ ପାଖକୁ
ଥାଳ ଧରି ମାଗୁଣି କରି
ତୁମ ଦଖଲିରେ ଥିବା ମୋର ମୁକ୍ତିର ମୂଲକ।

■

# ମୂଲ୍ୟ

ତୁମେ ବେଶ୍ କିଛି ମୂଲ୍ୟ ନିଅ
ପ୍ରତ୍ୟେକ ଥର
ଭଲ କିଛି ଭେଟିଦେବା ଆଗରୁ ।

ତୁମେ କନ୍ଦାଅ ମୋତେ-
ମନ ଭରିବା ଯାଏଁ
କଥା ସରିବା ଯାଏଁ
ନୂଆକଥା ଜନ୍ମନେବା ଯାଏଁ ।

କିଏ ବୁଝିପାରିଛି ଜୀବନକୁ
ଆଖି ଓଦା ନ'କରି ?
କିଏ ଖୋଜି ପାଇଛି ବଞ୍ଚିବାର ବାଟ
ତୁମ କଷଣ ସହି ନ'ପାରି ?

ମୋତେ ଯେତେଯେତେ ଥର କନ୍ଦାଇଛ
ଫାଇଦା ମୋର ହୋଇଛି,
ତୁମେ ଯେତେ ନେଇଛ ମୋ'ଠୁ
ମୁଁ ସେତେ ପାଇଛି ତୁମଠୁ ।

ମୋତେ ଯେତେ ମାରୁଛ ମାର ସନାତନ
ମୁଁ ଜମା ମରିବି ନାହିଁ

ହାର୍ ମାନିବି ନାହିଁ,
ମୁଁ ହସିହସିକରି ଯିବି
ମୋ ଯିବା ବେଳରେ
ଏକଥା ତୁମେ ଜାଣିସାରିଛ।

ମୁଁ ବଞ୍ଚିସାରିଛି ମୋ ଭାଗର ଜୀବନ
ଆଉ ନାହିଁ କିଛି ଅବଶୋଷ
ନାହିଁ କିଛି ଅପୁରନ୍ତା ଅଭିପ୍ସା,
ଏବେ ନବତ ନିଅ
ଯେବେ ନବ ନିଅ
ମୁଁ ପ୍ରସ୍ତୁତ ଅଛି।

■

# ସମୟ

ପର୍ଯ୍ୟାପ୍ତ ସମୟ ଥିଲା।
ବଡ଼ ହେବା ପାଇଁ
ଉପଲବ୍ଧ ଥିଲା
ପର୍ଯ୍ୟାପ୍ତ ସୁବିଧା ସୁଯୋଗ
ନିଜକୁ ଆକର୍ଷଣୀୟ କରି
ଗଢ଼ିତୋଳିବା ପାଇଁ
ହେଲେ...

ବର୍ତ୍ତମାନ ବୁଝିପାରିଲାନି
ଆବଶ୍ୟକତା ଭବିଷ୍ୟତର,
ପରିସ୍ଥିତି ପଢ଼ିପାରିଲାନି
ସଂକେତ ସମୟର,
ଅପଚୟ ହୋଇଗଲା ସବୁତକ ସାମର୍ଥ୍ୟ।

ଘଟଣାର ରୂପରେଖ କ'ଣ ହେବ
କିଏ କହିପାରିବ ( ? )
ଘଟଣା ନ'ଘଟିବା ଯାଏଁ,
ପୂର୍ବାନୁମାନ ଓ ପଶ୍ଚାତାପ ମଝିରେ ହିଁ
ଶୋଇ ରହିଥାଏ ସଫଳତା।

କେତେ ବେଶୀ ଥିଲେ ବଡ଼
କେତେ କମ୍ ରେ ନଗଣ୍ୟ
ଏହା ବି ସମୟ ସାପେକ୍ଷ,
କ'ଣ ଦରକାରୀ
କେତେ କ'ଣ ଅଦରକାରୀ
ତାହା ବି ଉପଲବ୍ଧିର ପାଠ ।

ସମୟର ଷଡ଼ଯନ୍ତ୍ରରେ
କେତେକେତେ ହାରିଛନ୍ତି
କେତେ କିଏ ମରିଛନ୍ତି
ତା'ର କଳନା ନାହିଁ ।
ବଡ଼ ହେବା
ହୋଇ ନ'ପାରିବା
ହେବାକୁ ନ'ଚାହିଁବା
ସବୁକିଛି ସମୟର ନିର୍ଦ୍ଦେଶ ।

# ସ୍ୱୀକାର

ଗ୍ରହଣ କରିପାରିଲେ
ଯନ୍ତ୍ରଣାରେ ବି ଥାଏ ସୁଖ
ନହେଲେ ତ ସୁଖ ମଧ୍ୟ ହଜମ ହୁଏନା ।

ସତରେ ( ! )
ସ୍ୱୀକାର କରିନେଲେ
ସବୁ ସହଜ ।

କାରଣ ଖୋଜି ବସିଲେ
ଅଭାବ ରହିବନି କାରଣର
ନ'ଚାହିଁଲେ ବାହାରିବନି ସମାଧାନ
କୌଣସି ସମସ୍ୟାର ।

ଆପଣାର କରିନେଲେ
ସତ୍ୟକୁ
ସମ୍ଭବ ହୋଇଯାଏ
ଅସମ୍ଭବ ଘଟଣା ସବୁ,
ନିଜର ବୋଲି ଭାବିନେଲେ
ବିଫଳତାରେ ବି ନ'ଥାଏ ଅବଶୋଷ ।

ସଂସାରରେ
କିଛି ବି ସମ୍ପୂର୍ଣ୍ଣ ନୁହେଁ
ଶତପ୍ରତିଶତ,
ଈଶ୍ୱର ବି ଅସମ୍ପୂର୍ଣ୍ଣ
ଆସ୍ଥା ବିନା ।

ସବୁ ଆପେକ୍ଷିକ
ବ୍ୟକ୍ତି-କୈନ୍ଦ୍ରିକ
ସବୁ ନିର୍ଭର କରେ ମନ ଉପରେ,
ମୃତ୍ୟୁ ସୁନିଶ୍ଚିତ ବୋଲି ଜାଣିଦେଲେ
ଅଡୁଆ ଲାଗିବନି ଭାଗନେବାକୁ
ଆପଣା ମୃତ୍ୟୁର ଷଡ଼ଯନ୍ତ୍ରରେ ।

'ମୋର' ବୋଲି ଧରିନେଲେ
ସବୁ ତୋର
ତୁ' ତାଙ୍କର
ନ'ହେଲେତ ନିଜ ବାମହସ୍ତ ବି
ନୁହଁ ଦକ୍ଷିଣ ହସ୍ତର ।

■

# ଗୁଣିଆ

ବଣ ମଲ୍ଲି ବଣରେ ଫୁଟି ମଉଳି ଥାଆନ୍ତା
ତା' ଦେହର ଗନ୍ଧରେ ସୁଗନ୍ଧ ଅଛି ବୋଲି
ଅନ୍ୟ କିଏ ଜାଣିବା ଦୂରକଥା
ସେ ନିଜେବି ଜାଣିପାରି ନ'ଥାନ୍ତା,
ତୁମେ ନ'ଥିଲେ।

ତୁମେ ନେଇଆସିଲ ତାକୁ
ବଣରୁ ବଗିଚାକୁ
ଅଜସ୍ର ମହକ ଭରିଦେଲ ତା' ସୁବାସରେ
ସ୍ୱତନ୍ତ୍ର କରିଦେଲ ତାକୁ
ଅନ୍ୟ ଫୁଲମାନଙ୍କଠୁ।

ଅବର୍ଣ୍ଣନୀୟ ସେ ଉପକାର ତୁମର,
କେବଳ ତୁମେ ହିଁ ଦେଇପାର ପୁନର୍ଜନ୍ମ
ବଞ୍ଚି ଥାଉ ଥାଉ।
ତୁମେ ଶିଖାଇଲ–
ସଫଳତାର ପଥ କଣ୍ଟକିତ
ସ୍ୱପ୍ନ ଦେଖିବା ନୁହେଁ ସହଜ।

ଗୁଣ ଚିହ୍ନିଲେ ବୋଲି ଗୁଣିଆ
ବୁଝିପାରିଲା ପଥିକ
ଉଠି ପଡ଼ି ପଡ଼ି ଉଠି ଚାଲିବା ଶିଖାଯାଏ,
ଚିହ୍ନି ପାରିଲା ସେ
ଜହ୍ନ ମାମୁଁ ମାମୁଁ ନୁହେଁ
ସେ ଅନ୍ୟ କିଏ !

# ତୁମେ

ତୁମେ ଆସିଲ ହଠାତ୍ ଦିନେ
ଧୂଉ ଧୂଉ ଖରାବେଳେ
ପଶିଆସିଲ ମୋ ଭିତରକୁ
ଯେମିତି ଆତ୍ମା ପ୍ରବେଶ କରେ
ନୂଆ ଶରୀରରେ ।

ଆଗରୁ ଶୁଣିଥିଲି ତୁମ ବିଷୟରେ-
ତୁମେ ଆସ
ଅସୀମିତ ଯନ୍ତ୍ରଣା
ଅସମ୍ଭବ ସାଧନା
ଅଗଣତି ପରୀକ୍ଷାରେ ଉତ୍ତୀର୍ଣ୍ଣ ହେବା ପରେ,
ଦରଦୀ ମନ ତୁମ ବାସସ୍ଥାନ ।

ତୁମେ ଆସିଲ
ଯେମିତି ପ୍ରେମ ଆସେ ଦେହ ମନକୁ ।
ବାଛିଲ ମୋତେ
ହୋଇଗଲ- ଯାହା ତୁମର ହେବାର ଥିଲା
ମୁଁ କିଏ( ?) ତୁମକୁ ବାଧା ଦେବାକୁ
ରୋକିବାକୁ ।

ତୁମ ଆଗମନ
ସମୟରେ ସଫଳତା ସଦୃଶ !
ତୁମେ ଗଢ଼ିଚାଲିଲ ଅଟ୍ଟାଳିକା ତୁମ ଇଚ୍ଛାର
ଭାଙ୍ଗିଦେଲ ଯାହାସବୁ ଭଙ୍ଗା ହେବାର ଥିଲା,
ବାକ୍ୟକୁ ମିଳିଗଲା ଶବ୍ଦ
ସ୍ୱରୁପ ମିଳିଗଲା ସମ୍ଭାବନାସବୁକୁ,
ପୁନଃରୁଦ୍ଧାର ହୋଇଗଲା
ସବୁତକ ଭଗ୍ନାବଶେଷ
ଅନ୍ତଃକରଣର ।

ତୁମେ ମୋତେ ଜରିଆ ବନାଅ
ନିଜକୁ ପରିପ୍ରକାଶ କରିବା ପାଇଁ
ମୁଁ କିନ୍ତୁ ତୁମକୁ ମାଧ୍ୟମ କରେ
ବଞ୍ଚିବା ପାଇଁ ।

# ନିଶୁଳ୍କ ଦର୍ଶନ

ସକଳେ ଆସନ୍ତି ତୋ' ପାଖକୁ
ଭଲ ଦିନ ଦେଖି
ଭଲ ଦିନ ମାଗିବାକୁ,
ମୁଁ କେବେ ଦେଖିନାହିଁ ତିଥି ବାର
ଅପେକ୍ଷା କରିନାହିଁ ପର୍ବ ପର୍ବାଣୀକୁ
ତୋତେ ଦେଖାକରିବା ପାଇଁ।
ତୋ' ସହ ଦେଖା ହିଁ
ମୋ ପାଇଁ ଏକ ପର୍ବ, ତୁ ଚାହିଁଲେ
ମନ କହିଲେ ସମ୍ଭବ ହୋଇଯାଏ ସାକ୍ଷାତ୍।
ତୋର ମୋର ସମ୍ପର୍କର ଗଭୀରତା
ତୁ ଜାଣୁ
ଜାଣେ ମୁଁ।

ଏଇ ଯେମିତି ସେଦିନ ଡାକିଲୁ ତୁ
ଆଉ ମୁଁ ପହଞ୍ଚିଗଲି
ତୋ ବଡ଼ଦାଣ୍ଡରେ, ସପରିବାରେ।
କିଛିଦିନ ହେଲା ମନ ଉଛନ୍ନ ହେଉଥିଲା
ତୋତେ ଥରେ ଦେଖିବାକୁ
ତୁ ସ୍ଥିର କରିଦେଲୁ ମୋ' ଆସିବାର ଦିନ,

ଦିନ ଥିଲା ରାଧାଙ୍କର ଜନ୍ମଦିନ
ମୋ' ପାଇଁ ଶୁଭଦିନ
ତୋର ବଡ଼ଦିନ ।

ପ୍ରତ୍ୟେକ ଥର ପରି
ଏଥର ବି ମୁଁ ଭୁଲିଯାଇଥିଲି ଯେ-
ତୁ ନିଷିଦ୍ଧାଞ୍ଚଳର ବାସିନ୍ଦା
ତୋର କେତେକେତେ ଜଗୁଆଳି,
ଜଗିଛନ୍ତି ତୋତେ ଥାକ ଥାକ ହୋଇ
ତୋ ବେଢ଼ା ଭିତରେ
ବାହାରେ, ତୋ' ସୀମାନ୍ତ ପର୍ଯ୍ୟନ୍ତ
ତୋରି ସେବାରେ ଲାଗିଛନ୍ତି ।

ତୋତେ କିଏ ଦେଖିବେ
କେମିତି ଦେଖିବେ
କେତେ ସମୟ ଦେଖିବେ
ତା'ର ନିଷ୍ପତ୍ତି ତୁ' ଛାଡ଼ିଦେଇଛୁ
ସେଇମାନଙ୍କ ହାତରେ ।

ସବୁ ଠିକ୍ ଅଛି
ଯାହାସବୁ ଚାଲିଛି
ଯେମିତି ଚାଲିଛି ତୋର ଏଇ ପୂଣ୍ୟ ଭୂଇଁରେ
ତୋ' ନାଁ ନେଇ
ହେଲେ,
କଥାଟା ଜମା ପଚୁନାହିଁ –
ଯେ ତୋ' ଫୁଲ ତୁଳସୀ

ତୋ' ଆଶୀର୍ବାଦ ବି
ବିକ୍ରି ହେବ ଶହେଶହେରେ
ଶହେ ଶହେ ଟଙ୍କା ନେଇ।
ତୁ ସହୁଛୁ କେମିତି କେଜାଣି !

ହଉ, ଛାଡ଼ ସେକଥା।
ତୋର ଏ ଭକ୍ତ ଯାଇ ପହଞ୍ଚିଲା ନାଟମଣ୍ଡପରେ
ଦେଖିଲା ତୋ' ଆଡ଼େ-
ତୁ ଝଲସୁଥିଲୁ
ନୂଆ ନୂଆ ପାଟବସ୍ତ୍ରରେ
ମଙ୍ଗଳ ଆଳତୀ ଉତ୍ତାରେ,
ମନଭରି ଦେଖିଚାଲିଲା- ତୋ' ଚିରଯୌବନ ରୂପ
ମନହେଲା ତା'ର ତୋତେ କୋଳେଇ ନେବାକୁ
ଗେଲ କରିବାକୁ,
ଟିକେ କରିଦେଲା ଗେଲ
ମନେମନେ।

ଦର୍ଶନ ସାରି ବାହାରି ଦେଖିଲା
ଆକାଶରୁ ଝରୁଥିଲା ଆଶ୍ରି-ବର୍ଷା ।
ସବୁଥରର ମିଳନ ଠାରୁ ଏ ମିଳନ ଅଲଗା ହେଲା
କାହାକୁ ଟଙ୍କାଟିଏ ନଦେଇ ବି
ତୋ ଆଶୀର୍ବାଦ ମିଳିଗଲା।

# ନିରାକାର

ତୁମ ହାତ ମୁଣ୍ଡ ଉପରେ ଥିଲେ
ସବୁ ପଥ ସଳଖ
ସୁଗମ,
ଚାଲିବା ସହଜ।

ତୁମେ କିଏ ?
ଅଛ କେଉଁଠି ?
ଦେଖିଛି କିଏ ତୁମକୁ ?...
ଏମିତି କେତେକେତେ ପ୍ରଶ୍ନ
ଫିଙ୍ଗିଦେଇଗଲେ ତୁମ ଉପରକୁ,
ତୁମେ ମୃତ ବୋଲି ଘୋଷଣା କରିଦେଇଗଲେ ।

ଏ ସବୁତକ ପ୍ରଶ୍ନଚିହ୍ନ ଏବେବି ଜୀବିତ
ଘାସ କଞ୍ଚି ଶୁଖିଯାଇ ପୁନଃ କଞ୍ଚିଲାଣି
ଏଗୁଡ଼ିକୁ ଜନ୍ମ ଦେଇଥିବା ବାଚାଳମାନଙ୍କ
ସଲୀଳ ସମାଧି ଉପରେ
ପରନ୍ତୁ, ତୁମେ ଥିଲ
ଅଛ
ରହିଥିବ।

ହସୁଥିବ ତୁମେ ନିଶ୍ଚୟ (!)
ରହିବା ନ'ରହିବା ତର୍କ ମଝିରେ ବସି
ଖୁବ୍ ମଜା ନେଉଥିବ।

ତୁମେ ଚାହିଁଲେ-
ମରିଯିବେ ସବୁ ପ୍ରଶ୍ନ
ମୁହୂର୍ତ୍ତକ ଭିତରେ
ସମର୍ପଣ କରିଦେବେ ସବୁ ତର୍କବାକ୍ୟ
ତୁମ ଆଲୋକର ସ୍ପର୍ଶରେ
କିନ୍ତୁ, ତୁମେ କେବେ ଚାହିଁନାହଁ ତାହା
କାହିଁକିନା-
ବିତର୍କର ବୟସ ଯେତେ ବଢ଼ିବ
ତା'ର ପରିସୀମା ଯେତେ ସୀମା ଲଂଘିବ
ତୁମ ଆସ୍ଥାର ପରିଧି ସେତେ ବ୍ୟାପିବ
ତୁମେ ହୋଇଯିବ ନିରାକାର।

ଶବ୍ଦମାନଙ୍କର କେତେବା ସାମର୍ଥ୍ୟ( ?)
ସଂଜ୍ଞା ନିରୂପଣ କରିବେ ତୁମର
ବିଜ୍ଞାନର ନାହିଁ ଏତେ ହେତୁଜ୍ଞାନ
ସେ ଅନୁଶୀଳନ କରିବ ଆତ୍ମାନୁଭୂତିର।

ପ୍ରଶ୍ନର ହାତ କେବେ ଧରିପାରିନାହିଁ ତୁମକୁ।
ହାର୍ ମାନିସାରି ହାତ ଟେକିଦେଲେ
କୋଳେଇ ନିଅ ତୁମେ
ଯେମିତି ମାନ ଭଙ୍ଗ ହେଲେ
କ୍ଷମା କରିଦିଏ ଶିଶୁ
ଚାଲିଆସେ ବାହୁ ବନ୍ଧନକୁ।

■

# ରହସ୍ୟ

ତଳ ମହଲାରେ ଜାଳ ଲଗାଇ
କେମିତି ଫୁଟାଯାଏ ପାଣି ଉପର ମହଲାରେ
ଏ ରହସ୍ୟ ଭେଦ କରିପାରିଲେ
ଆଉ କିଛି ଅବୁଝା ରହିବ ନାହିଁ।
ଅସ୍ପଷ୍ଟ ଜିନିଷ ସବୁ ଜଳଜଳ କରି ଦିଶିବ,
ଇଚ୍ଛା ମରିଯିବ ନିଜ ଇଚ୍ଛାରେ
ବଞ୍ଚିବା ହୋଇଯିବ ସରଳ।

ବଳ ଥାଇ କେତେ ନଥାଇ କେତେ
ହାଟରେ ସହଳ ସିଏ ପହଞ୍ଚିବ
ଯିଏ ବୁଝିସାରିଥିବ- ସଳଖ ପଥ ହିଁ ଏକମାତ୍ର ପଥ।

କ୍ଷମତାର ତାତିରେ ତାତୁଥିବା ପ୍ରାଣୀ
କେମିତି ବୁଝିବ
କେଉଁଠୁ ଆସେ ଶକ୍ତି
କନା ଖଣ୍ଡକରେ
ପବନକୁ ଚିରି ଦୁଇ ଫାଳ କରିବାର;
ସଂଜ୍ଞାହୀନ ହୋଇଯାଏ ବିଜ୍ଞାନ
କାଠ ଦେହରେ ଜ୍ୱର ଦେଖି।

ସିଧା ହୋଇଥାଏ ନଦୀର ସ୍ରୋତ
ଉତ୍ପତ୍ତି ସ୍ଥଳରେ
ମୁହାଣ ମୁହଁରେ,
ଅଙ୍କା ବଙ୍କା ବାଗ ଭଙ୍ଗୀ
ଆସିଥାଏ ମଝିରେ।

ଗାତକୁ ଗଲା ବେଳକୁ ବିଷଧର ସର୍ପ
ଏକବାର ସିଧା।

ପ୍ରଭୁ ହେ!
ଭେଟଣା ହୁଅନ୍ତା କି ଥରେ
ତୁମ ସହ,
ରହନ୍ତାନି କିଛି ଅବକାଶ
ଅବଶୋଷ,
ମରିଯାଆନ୍ତି ମୁଁ ଜନ୍ମ ଜନ୍ମ ପାଇଁ।

# ପ୍ରାତଃଭ୍ରମଣ

କଥା ଚାହିଁ ବସିଥାଏ ବାଟ
ଦରଦୀ ଆଖିର
ଅନୁସନ୍ଧାନୀ ଲେଖନୀର,
ଆଖି ଦେଖୁ ଦେଖୁ ଚିହ୍ନିନେବ
ଲେଖନୀ ଯୋଗ୍ୟ ବିବେଚିବ
କାହାଣୀ ନିଜ ଲୋକ ନିଜେ ବାଛିନେବ।

କଥା ଥାଏ ସବୁ ଘଟଣାରେ
ପଢ଼ିବା ଲୋକ ପଢ଼ିପାରେ
କେତେ କ'ଣ ଥାଏ କାହା ଅଧିନରେ।

ପ୍ରାତଃଭ୍ରମଣ ସରେ
ବାଟର ଏକ ନିର୍ଦ୍ଧାରିତ ସ୍ଥାନରେ
ଫେରିଆସେ ବାଟୋଇ ତା' ଘରକୁ
ଲେଉଟାଣି ଯାତ୍ରା ସାରି।
ଯେତେ ଆଗକୁ ଯାଇଥାଏ
ଠିକ୍ ସେତିକି ପଛକୁ ଫେରିବାକୁ ପଡ଼େ
ତାକୁ ତା' ଘରେ ପହଁଞ୍ଚିବା ପାଇଁ।

ସବୁ ବାଟୋଇଙ୍କ ସମାନ ଯଶ।!

ଭ୍ରମଣ ଆରମ୍ଭ ବେଳର ଶୀତଳ ସୂର୍ଯ୍ୟ
ଆସ୍ତେ ଆସ୍ତେ ପାକଳ ହୁଏ।
ଇତିମଧ୍ୟରେ:
ପିଲାଏଁ ବସନ୍ତି ପାଠ ପଢ଼ିବାକୁ
ଦିନ ମଜୁରିଆ ଯାନ୍ତି କାମକୁ
ଯୁବକ ଦୌଡ଼େ ବାନ୍ଧବୀ ମନ ଜିଣିବାକୁ
ମଧ୍ୟବୟସ୍କ ଚାଲୁଥାନ୍ତି ମୁକୁଳିବାକୁ
ମୋଟାପଣରୁ ଓ ନାନାଦି ବ୍ୟାଧିରୁ
ନବବଧୂ ଚାଲୁଥାଏ ଜଗିରଖି
ବାଟ ଦେଖି ଦେଖି
ବୁଢ଼ା ଧୁଡ଼ା ଚାଲନ୍ତି ଯନ୍ତ୍ର ସହକାରେ
ପଡ଼ିଯିବେ କାଳେ;
ସୂର୍ଯ୍ୟ ଟିକେ ଉପରମୁହାଁ ହେବା ମାତ୍ରକେ
ବାହାରିପଡ଼ନ୍ତି କଲେଜ ପଢୁଆ ତରୁଣ ତରୁଣୀ
ଫୁସୁଲା ଫୁସୁଲି ପାଠ ଆଣିବାକୁ
ଏଠି ସେଠି ମେଳି ହୁଏ ବୁଲା କୁକୁରଙ୍କ
ଦାତାଙ୍କ ପ୍ରଶଂସାରେ ସ୍ୱାନ ସଙ୍ଗୀତ
କଂସେଇ ପଜାଏ କଟୁରୀ
ଜୀବନକୁ ଖୁଣ୍ଟରେ ବାନ୍ଧିକରି
ସ୍ୱହସ୍ତରେ ଗାଲରେ ବାଡ଼େଇ
ହାତ ଟେକୁଥାନ୍ତି ଜନୈକ ବ୍ୟକ୍ତି
ମନ୍ଦିର ସମ୍ମୁଖରେ
ନିଃସନ୍ତାନ ମଣିଷ ଜଣକ କହୁଥାଏ-
କାଳିଆରେ ସବୁ ତୋରି ଇଚ୍ଛା!

ପ୍ରାତଃକାଳ ସରିଯାଏ ସହଳ!
ମନଭରି ତାତିଯାଏ ସୂର୍ଯ୍ୟ

ଦ୍ୱିପ୍ରହର ହଉ ହଉ
ପଶ୍ଚିମ ଆକାଶ ଛୁଇଁଲା ବେଳକୁ
ସବୁ ତାତି ଛାଁ ଓହ୍ଲାଇଯାଏ ।

ବାଟ ପରଖେ ବାଟୋଇକୁ
ବାଟୋଇ ଦେଖେ ଆଗକୁ ପଛକୁ
କେତେ ସରିଲା, କେତେ ବାକି ରହିଲା ।

ବାଟୋଇ ଦେଖେ...
ବାଟୋଇ ଶିଖେ... ।

# ଅନୁପସ୍ଥିତ ଉପସ୍ଥାନ

ଯାତ୍ରା ଚାଲେ-
ମନ୍ଦିର ନଗରୀରୁ
ଶ୍ରୀମନ୍ଦିର ଅଭିମୁଖେ।

ବସା ଉଠା
ହସ କାନ୍ଦ,
ରାଗ ରୋଷ
ଖିଆ ପିଆ,
କାମ ପ୍ରେମ
କର୍ମ କାଣ୍ଡ...

ଗୁରୁକର୍ମ ଆଗ
ପରେ ଲଘୁକର୍ମ।

ବିରକ୍ତିକର
ଲୀଳା ଖେଳା
ବିକା କିଣାର ମେଳା
ନିରବଦ୍ରଷ୍ଟା ଯାତ୍ରୀ!

ବୃତ୍ତି ଭିକ୍ଷା ଭିକ୍ଷାବୃତ୍ତି!

ପତଳା ମୋଟା
ସୁନ୍ଦର ଅସୁନ୍ଦର
ଧର୍ମ ଭାଷା,
ବିବିଧ ଭାଷୀ
ଧର୍ମ ରଙ୍ଗ।

ବର୍ଗ ବର୍ଗର ବର୍ଗକ୍ଷେତ୍ର
ଆସିବା ଜାଗାରୁ ଆସନ୍ତି
ଯାଉଥାନ୍ତି ଯିବା ଜାଗାକୁ।

ଗାଡ଼ି ଅଟକୁ ଥାଏ
ସମୟ ସମୟରେ
ଯାନ୍ତ୍ରିକ ତ୍ରୁଟି ହେତୁ,
ପୁଣି ଗଡୁଥାଏ...

ଏତେ ଉପସ୍ଥାନ
କେତେକେତେ ଅନୁପସ୍ଥିତି !

ଦେଖିଦିଏ ଯାତ୍ରୀ ଚାଳକଙ୍କୁ,
ଚାଳକ ହସୁଥାନ୍ତି-
ଯାତ୍ରା ଦେଖି।

ଲାଖିରହେ ଆଖି
ଗଡ଼ିଚାଲେ ଗାଡ଼ି।

ଗନ୍ତବ୍ୟ ସ୍ଥଳ ଛୁଇଁବା କ୍ଷଣି
ଓହ୍ଲାଇ ଯାଏ ଯାତ୍ରୀ
ନୂଆ ଏକ ଗାଡ଼ିରେ
ନୂଆ ଯାତ୍ରାରେ।

ଆରମ୍ଭ ହୁଏ ଯାତ୍ରା
ମନ୍ଦିର ନଗରୀରୁ
ଶ୍ରୀମନ୍ଦିର ଅଭିମୂଖେ।

# ଅସ୍ତ ସୂର୍ଯ୍ୟର ଆହା

ରାତି ପାହିଲେ ନୂଆବର୍ଷ
ସକାଳର ସୂର୍ଯ୍ୟୋଦୟ ଯୋଡ଼ିଦେବ
ସଭ୍ୟ ମାନବ ସଭ୍ୟତାର ଇତିହାସ ଦେହରେ
ଆଉ ଏକ ନୂତନ ଫର୍ଦ୍ଦ।

ବିଦାୟୀ ବର୍ଷର ଶେଷଦିନର ସୂର୍ଯ୍ୟ
ଅସ୍ତ ନ'ଯାଉଣୁ
ଆରମ୍ଭ ହୋଇଯାଏ ପ୍ରସ୍ତୁତି ପର୍ବ
ନୂତନ ବର୍ଷକୁ ପାଛୋଟି ନେବାର,
ଉତ୍ସବମୁଖର ହୋଇଉଠେ ସଂସାର
ନୂଆ ସକାଳର ପ୍ରତୀକ୍ଷାରେ,
କିଏବା ପଚାରେ ଅସ୍ତମିତ ସୂର୍ଯ୍ୟ ବିଷୟରେ (?)
ଫୁରସତ୍ ନାହିଁ କାହାଠି
ବିଦାୟୀ ବନ୍ଧୁର ବିଦାୟୀ ଚର୍ଚ୍ଚା କରିବାକୁ।

ସମ୍ଭାବନାସବୁ ସଜବାଜ ହେଉଥାନ୍ତି
ବାସ୍ତବତାର ରୂପ ନେବାପାଇଁ।
କେଉଁ କଥାକୁ କେତେ ଶବ୍ଦ ମିଳିବ
କାହାର ଅକ୍ଷର ଅଧାରୁ ସରିବ,

କିଏ ସବୁ ଲିପିବଦ୍ଧ ହେବେ
କେତେ କିଏ ବନ୍ଧ ହେବେ
ସେକଥା ଜାଣିଥିବ ସେଇ ପୁରୁଣା ସୂର୍ଯ୍ୟ
ଯିଏ କାଲି ନୂଆ ରୂପରେ ଉଇଁବ।

ପ୍ରତ୍ୟେକ ଥର ଲାଗେ
ନୂଆବର୍ଷ
ନିଶ୍ଚେ କିଛି ନୂଆ ଆଣିକରି ଆସିବ
ନବ ଚେତନାର ଉଦୟ ହେବ
ହେଲେ,
ସବୁଥର ସେଇ ପୂର୍ବ ପାଠର ଆଲୋଚନା।
ସେଇ ଶ୍ରେଣୀ ଶାଗୁଣାମାନଙ୍କର ମେଳୀ
କ୍ଷମତାର ରୂପ ରଙ୍ଗ ବଦଳି,
ବାରୁଦଗଦାରେ ଲାଗିଯାଏ ନିଆଁ
ନକ୍ସା ତୋଳିଦିଏ ନୂଆ ମଶାଣି,
ଧର୍ମ ନାଁ ରେ ବଣ୍ଟାବଣ୍ଟି କଟାକଟି
କୁମ୍ଭୀରମାନଙ୍କର କାନ୍ଦ ବୋବାଳି,
କୁହୁଡ଼ି ଭିତରେ କାଉର କୋଇଲି ହେବାକୁ ପ୍ରୟାସ।
ଜଗୁଆଳି ମାଗନ୍ତି ମାଲିକ ନାମରେ,
ପଶୁ ବାହାରନ୍ତି ବୋଝେଇ ହୋଇ ମୁକ୍ତି ଯାତ୍ରାରେ
ମରିଲାବାଲା ନ୍ୟାୟରେ ମାରିଲାବାଲା ବି ନ୍ୟାୟରେ,
ପ୍ରେମ ଆଦରିନିଏ ଦେହର ଦାସତ୍ୱ
ଅଭାବି ମଣିଷର ଅଭାବ ଲାଘବ ହୁଏନା,
ତ୍ରିଭୁଜର ତିନିକୋଣିଆ ଖେଞ୍ଚ ରହିଯାଏ
ସରଳରେଖାରେ ରୂପାନ୍ତରିତ ହେବା ଆକାଂକ୍ଷାରେ...।

ମଧ୍ୟରାତ୍ରିରୁ ମୁହଁ ଅନ୍ଧାର
ପୂର୍ବାହ୍ନରୁ ଅପରାହ୍ନ ହଉ ହଉ

ଆଖି ବାଛିନିଏ ଲୁହ
ଲୁହ ଚିହ୍ନେ ଯନ୍ତ୍ରଣା
ଏଥିରେ ନୂଆକଥା କିଛି ନାହିଁ।

କେବେ କ'ଣ ଏ କାଳରାତ୍ରି ପାହିବନି
ଜୀବନ ଏ ବିନ୍ଦୁରୁ ଆରମ୍ଭ ହୋଇ
ସେ ବିନ୍ଦୁରେ ସରିବନି ?

■

# ଚନ୍ଦନ କୁମାର ଦାସଙ୍କ ଅନ୍ୟାନ୍ୟ ପୁସ୍ତକ

# BLACK EAGLE BOOKS

www.blackeaglebooks.org
info@blackeaglebooks.org

Black Eagle Books, an independent publisher, was founded as
a nonprofit organization in April, 2019. It is our mission to
connect and engage the Indian diaspora and the world at large
with the best of works of world literature published on a
collaborative platform, with special emphasis on
foregrounding Contemporary Classics and New Writing.